UNIVERSITÉ DE PARIS. — FACULTÉ DE DROIT

L A

CAISSE NATIONALE D'ASSURANCES
EN CAS D'ACCIDENTS

THÈSE POUR LE DOCTORAT

L'ACTE PUBLIC SUR LES MATIÈRES CI-APRÈS

sera présenté et soutenu le 2 juin 1900, à 8 heures 1/2

PAR

André BOISSIER

Président : M. JAY, Professeur.

Suffragants : { MM. GIDE
SAUZET } *Professeurs.*

PARIS
LIBRAIRIE NOUVELLE DE DROIT ET DE JURISPRUDENCE
ARTHUR ROUSSEAU, ÉDITEUR
14, RUE SOUFFLOT ET RUE TOULLIER, 13

1900

THÈSE POUR LE DOCTORAT

UNIVERSITÉ DE PARIS. — FACULTÉ DE DROIT

L A

CAISSE NATIONALE D'ASSURANCES

EN CAS D'ACCIDENTS

THÈSE POUR LE DOCTORAT

L'ACTE PUBLIC SUR LES MATIÈRES CI-APRÈS

sera présenté et soutenu le 2 juin 1900, à 8 heures 1/2

PAR

ANDRÉ BOISSIER

Président : M. JAY, *Professeur.*

Suffragants : | MM. GIDE | *Professeurs.*
SAUZET

PARIS

LIBRAIRIE NOUVELLE DE DROIT ET DE JURISPRUDENCE

ARTHUR ROUSSEAU, ÉDITEUR

14, RUE SOUFFLOT ET RUE TOULLIER, 13

1900

INTRODUCTION

L'intervention de l'Etat dans le domaine des assurances a provoqué en économie politique les théories les plus diverses.

Pour les uns l'assurance est une charge d'Etat, un service public, comme la fabrication de la monnaie ou le service des postes et télégraphes : L'Etat doit avoir le monopole de l'assurance, c'est une institution d'intérêt général que l'Etat ne pourrait sans imprudence abandonner à l'initiative privée, au risque d'en laisser fausser les rouages et désorganiser le mécanisme.

A raison du rôle de plus en plus considérable qu'elle est appelée à jouer dans la vie des sociétés modernes, l'assurance doit être mise à la portée du public à un prix aussi réduit que possible ; le bas prix de l'assurance est nécessaire pour la prospérité de l'agriculture et de l'industrie. La concurrence des entreprises privées et l'emploi des intermédiaires onéreux, auxquels elles ont recours, renchérit le prix de l'assurance. L'Etat seul peut organiser l'assurance à bon marché.

A tous les points de vue l'assurance doit donc être considérée comme une institution et un monopole d'Etat.

Pour d'autres, l'Etat ne doit, en principe, intervenir que dans les cas ou l'initiative privée n'agit pas. Les services de l'Etat sont des services coûteux ; ses agents ne sont pas animés par l'aiguillon de l'intérêt personnel ; ils ne savent point attirer et conserver la clientèle. L'action exclusive de l'Etat ne se justifie que dans les circonstances où son abdication constituerait un danger pour la société. L'intervention de l'Etat doit se limiter aux contrats que l'industrie privée néglige, soit qu'elle les ignore, soit qu'elle les juge insuffisamment rénumérateurs. C'est ainsi que l'Etat pourra sans inconvénient, soit constituer les assurances populaires, laissées de côté par l'industrie privée soit organiser des combinaisons nouvelles d'assurances, répondant à des besoins auxquels l'industrie privée ne donne pas satisfaction.

Pour d'autres enfin, il n'existe pas de solution à priori ; l'Etat doit intervenir dans la mesure où son intervention est exigée dans un intérêt d'ordre général ; c'est une simple question d'opportunité. L'intervention de l'Etat dépend des circonstances et les circonstances varient suivant les temps. Cette intervention, par suite, affectera les formes les plus variées ; en matière d'assurances ce sera tantôt un simple contrôle, tantôt une action personnelle et directe, motivée, soit par la nécessité de combattre une coalition entre les assureurs, créée dans le but d'élever d'une manière factice le taux des assurances, soit par tout autre motif tiré de l'intérêt public.

Dans ces différentes théories la question se pose de savoir si l'assurance doit être ou non obligatoire ; question essentielle entre toutes ; car la solution en est intimement liée à celle de la question du rôle social de l'assurance. Mais cette question se pose indépendamment de toute intervention de l'État dans la matière des assurances ; on peut en effet concevoir l'assurance obligatoire aussi bien sous le régime du monopole de l'État, que sous le régime exclusif de l'assurance privée, ou encore sous le régime de la concurrence de l'État avec l'industrie privée.

Le système du monopole de l'assurance exercée par l'État, n'a pas encore été soumis au contrôle de l'expérience ; en France, ni dans aucun pays, l'État n'a tenté jusqu'à présent, de créer ce monopole, la responsabilité des charges financières qu'un pareil monopole entrainerait a retenu, non sans raison, ceux qui dans les différents États ont la garde des finances publiques.

Les deux autres systèmes, au contraire, ont fait l'objet de différentes applications. L'une d'entre elles mérite une attention particulière, c'est l'établissement en France de la caisse nationale d'assurances en cas d'accidents. Cette institution offre un intérêt spécial : elle permet détudier dans un même cadre la réalisation pratique et d'apprécier simultanément les résultats des deux théories en présence.

Créée par la loi du 11 juillet 1868 à une époque où l'assurance contre les accidents n'était pas encore entrée dans le domaine de la pratique et où, par conséquent, l'intervention de l'Etat en pareille matière ne pouvait soulever aucun conflit avec l'industrie privée, la caisse nationale en cas d'accidents a tenté de réaliser un type nouveau d'assurance populaire.

La loi du 24 mai 1899 a étendu les opérations de la Caisse nationale d'assurances en cas d'accidents à une catégorie d'opérations, que, dans son institution primitive la Caisse avait laissée de côté. Cette extension était motivée par des raisons qui n'avaient rien de commun avec ceux de la loi du 11 juillet 1868. Les opérations nouvelles confiées à la Caisse par la loi du 24 mai 1899, étaient depuis longtemps du ressort des Sociétés privées d'assurances : La loi du 24 mai 1899 ne repose pas sur un principe absolu ; c'est une loi de circonstance, ayant pour objet de ramener à un taux normal le taux des assurances artificiellement surélevé par une coalition des compagnies.

L'étude de cette institution, de son organisation, de son fonctionnement, de ses résultats, nous fournira des éléments d'une valeur incontestable pour la solution d'une des questions les plus importantes de l'Economie politique.

LA

CAISSE NATIONALE D'ASSURANCES
EN CAS D'ACCIDENTS

PREMIÈRE PARTIE.

RÉGIME DE LA LOI DU 11 JUILLET 1868.

§ 1er.— Création de la Caisse d'assurances en cas d'accidents. Objet de cette institution. Ses précédents.

La caisse nationale d'assurances en cas d'accidents est, comme la caisse d'assurances en cas de décès, une création de la loi du 17 juillet 1868. Elle est fondée sur le même principe, qui est aussi celui de la caisse des retraites, établie par la loi du 18 juin 1850. Ces trois institutions ont un but commun, le soulagement des classes populaires ; elles emploient un moyen identique, qui consiste à favoriser l'esprit de prévoyance individuelle, mais elles répondent à des situations différentes.

Le travailleur peut assurer son existence à la caisse des retraites qui lui servira une pension viagère lorsqu'il sera devenu vieux et incapable de suffire à ses besoins ; il peut encore, craignant de laisser par sa mort ses enfants et sa femme dans la misère, s'assurer à la

Caisse des décès qui donnera un secours à ses héritiers. La Caisse d'accidents à pour objet d'apporter un remède à une situation, moins fréquente, mais non moins digne d'intérêt : l'ouvrier est atteint dans l'exercice de sa profession par des blessures qui le rendent incapable de la continuer, s'il n'a pas encore atteint l'âge fixé pour la jouissance de sa pension de retraite, il se verra condamné à la misère et réduit à vivre de la charité publique ; c'est alors qu'apparaît l'utilité de l'assurance contre les accidents, qui lui fournit immédiatement une pension viagère, et qui, s'il succombe à ses blessures, vient en aide à sa famille par l'allocation de secours.

Tandisque les opérations d'assurances sur la vie étaient déjà pratiquées depuis longtemps par l'industrie privée, l'assurance contre les accidents en 1868, entrait à peine dans le domaine de la pratique. La première société qui ait exploité en France la branche de l'assurance contre les accidents corporels est la *Préservatrice*, société d'assurances mutuelles fondée en Belgique en 1863, et qui s'est transformée en mai 1868 en société française. En 1865, fut créé la *Sécurité Générale* qui fusionna plus tard avec le *Soleil-Accidents*, et fut la première compagnie à primes fixes contre les accidents corporels, le genre d'opérations constituait donc une nouveauté.

Du reste les sociétés privées étaient loin de remplir le rôle social qui doit appartenir à l'assurance contre les accidents. Ces sociétés étaient des institutions créées pour les patrons et non pour les ouvriers ; leur objet principal était d'assurer le patron contre les conséquences de sa responsabilité à l'égard de l'ouvrier, dans le cas où l'accident aurait été occasionné par la faute du patron ou par celle de ses préposés. Les contrats ne prévoyaient pas toujours le cas de beaucoup de plus fréquent où l'ouvrier victime d'un accident fortuit ou résultant de sa propre faute ne possédait aucune action ou indemnité contre le patron. Alors même que ce cas était prévu, l'assurance n'offrait pas en général pour la victime de l'accident une utilité réelle ; car au lieu de consister en une rente viagère, mettant définitivement l'ouvrier à l'abri du besoin, l'indemnité ne consistait d'ordinaire qu'en une somme fixe, assez minime et destinée à être promptement dissipée.

Certaines industries étaient dotées, soit grâce à l'intervention du législateur, soit grâce à l'initiative propre des patrons de caisse de prévoyance, donnant à l'ouvrier malade ou blessé des secours quotidiens, pendant le temps que durait son incapacité de travail. C'est ainsi que dès le règne de Henry IV un édit du 14 mai 1604 prescrivait de prélever pour chaque mine un trentième « sur la « masse entière de ce qui en proviendra de bon et de net, « l'entretènement d'un chirurgien et achats de médi- « caments. »

Supprimé par un édit de septembre 1639 ce prélèvement d'un trentième sur le produit net de la mine avait été remplacée par l'obligation formelle imposée aux

concessionnaires de « pourvoir eux-mêmes aux dépenses
« sur ce nécessaire, et au grand maître des mines ou à
« son lieutenant de veiller à ce qu'il soit pourvu aux
« secours spirituels et temporels des ouvriers et autres
« employés aux dites mines. » Cette obligation avait été
renouvelée et précisée par les art. 15 et 16 du décret du
3 janvier 1813 (1) (V. Aiguillon *Traité de la législation
des mines*, t. II, p. 351) elle devait être complétée plus
tard en ce qui concerne les pensions de retraites et
secours en cas de maladie, infirmité ou décès par la loi
du 29 juin 1864.

De même pour les travaux de l'Etat, un arrêté du 16
septembre 1848 reproduit par le cahier des charges
clauses et conditions générales et imposées aux entre-
preneurs des travaux des ponts et chaussées du 16
novembre 1866, ordonnait une retenue d'un centième
sur les sommes dues à l'entrepreneur à l'effet d'assurer
sous le contrôle de l'administration des secours aux
ouvriers atteints de blessures ou de maladies occasionnées par les travaux, à leurs veuves et à leurs enfants,

(1) Art. 15. — Les exploitants seront tenus d'entretenir sur leurs
établissements, dans la proportion du nombre des ouvriers et de
l'étendue de l'exploitation, les médicaments et les moyens de
secours qui leur seront indiqués par le Ministre de l'intérieur et de
se conformer à l'instruction réglementaire approuvée par lui à cet
effet.

Art. 16. — Le Ministre de l'intérieur surindiquera celle des exploitations qui devront avoir ou entretenir un chirurgien.

Ce décret ne vise d'ailleurs que les soins médicaux et pharmaceutiques ; les moyens de secours dont il parle ne sont pas des allocations en argent.

et de subvenir aux dépenses du service médical. V. Arrêté ministériel du 16 novembre 1866. Sirey, Lois, ann. 1866, p. 111 (1).

La Caisse des invalides de la marine est à la fois Caisse des retraites et Caisse d'accidents. Elle a existé sous l'ancien régime mais a été reconstituée par la loi du 30 avril, 13 mai 1791, décret du 27 nivose an IX et loi du 8 août 1885). Elle sert des pensions aux marins qui ont accompli un certain temps de service ; elle en sert aussi à ceux qui ont reçu des blessures provenant d'accidents de guerre ou d'accidents éprouvés en service commandé ou qui souffrent d'infirmités graves incurables provenant des fatigues et dangers au service, en cas de mort du marin, pour une de ces causes la veuve et les orphelins ont droit à une pension. (2)

Enfin à une époque récente un certain nombre d'usines importantes, de grandes compagnies de chemin de fer avaient spontanément organisé des fondations analogues dont les ressources étaient alimentées au moyen d'un prélèvement sur les bénéfices, en même temps qu'au moyen d'une retenue sur les salaires. Telles étaient les

---

(1) Le nouveau cahier des charges-type de 1892 se borne à rappeler les obligations imposées à l'entrepreneur par les lois et règlements en vigueur.

(2) Depuis, les dispositions de l'arrêté du 27 nivôse, an IX, ont été étendues par la loi du 21 avril 1898, qui a institué une caisse de prévoyance entre les marins français contre les risques et accidents de leur profession, alimentée : 1° par les cotisations des participants ; 2° par les apports des propriétaires ou armateurs de navires ou bateaux.

Caisses instituées par plusieurs établissements de l'Alsace, par les usines du Creusot, de Blanzy, par les Compagnies de chemin de fer du Midi et de l'Orléans, par les mines de la Grand Combe (1). Mais de telles institutions ne pouvaient fonctionner que dans la grande industrie, qui seule pouvait disposer de capitaux suffisants et d'un personnel assez nombreux pour alimenter ces caisses et permettre leur fonctionnement régulier. Elles étaient inabordables à la grande majorité des établissements industriels et à l'universalité des exploitations agricoles. (Exposé des motifs.)

Les sociétés de secours mutuels pouvaient, dans une certaine mesure, protéger l'ouvrier contre les conséquences des accidents dont il est victime; mais les secours qu'elles assurent aux sociétaires malades, blessés ou infirmes ne pouvaiemt être, d'après la loi du 15 juillet 1850, art. 2, et le décret du 26 mars 1852 art. 6, que des secours temporaires (2) à l'expiration du terme fixé par

(1) Ces caisses sont à la fois caisses d'assurances en cas de maladies ou d'accidents.

(2) La loi du 1er avril 1898, art. 1er, autorise les sociétés de secours mutuels à assurer à leurs membres des secours en cas de maladie, blessures ou infirmités, il n'est pas exigé que ce soient des secours simplement temporaires ; une société de secours mutuels pourrait donc assurer à ses membres, en cas d'accidents, une pension viagère. Mais en fait la situation n'a pas changé, car peu de sociétés de secours mutuels auront les ressources nécessaires pour constituer les réserves et le cautionnement qu'exigent des opérations de cette nature. La société aura toujours plus d'avantages, après la loi du 1er avril 1898 comme avant, à faire assurer ses membres à une caisse d'assurance indépendante, notamment à la Caisse d'assurances de l'État.

les statuts, c'est-à-dire au bout de quelques semaines et dans les hypothèses les plus favorables au bout de quelques mois, les sociétaires victimes d'accidents les condamnant à une incapacité permanente de travail, ne recevaient plus aucuns subsides.

Devant l'impuissance de l'industrie privée et de l'initiative individuelle, il appartenait à l'Etat d'intervenir ; la justification de son intervention se trouvait dans un intérêt social de premier ordre.

L'institution d'une caisse d'assurance de l'Etat contre les accidents constituait une innovation législative. Elle n'avait pas de précédents à l'étranger, la loi anglaise du 14 juillet 1864, qui avait établi en Angleterre, une caisse d'assurance de l'État, n'avait organisé qu'une caisse d'assurances en cas de décès, il ne se préoccupait en aucune façon de l'assurance en cas d'accidents.

On pourrait peut-être trouver le germe de notre institution dans l'art. 6 de la loi du 18 juin 1850 sur la Caisse des retraites. Cet article, qui fixait en principe l'entrée en jouissance de la pension de cinquante à soixante ans décidait cependant, qu'en cas de blessures graves ou d'infirmités prématurées, régulièrement constatées, entraînant incapacité absolue de travail, la pension pourrait être liquidée même avant cinquante ans et en proportion des versements faits avant cette époque. Il n'y avait là qu'une ressource bien insignifiante, car la pension devant être liquidée en proportion des versements effectués, l'ouvrier, jeune encore, atteint par un accident, se trouvait réduit à une pension de retraite dérisoire (1).

Une tentative qui mérite l'attention fut faite par le décret du 8 mars 1855. Ce décret établissait sur le domaine de la Couronne, à Vincennes et au Vésinet, deux asiles pour les ouvriers convalescents ou qui auraient été mutilés dans le cours de leurs travaux. En principe les ouvriers, en faveur desquels cette institution était fondée devaient être reçus et soignés dans ces asiles, qui dès lors ne différaient en rien des établissements hospitaliers. Mais le décret prévoyait que l'ouvrier, réunissant les conditions requises pour être admis à un de ces asiles, pourrait voir son admission retardée faute de place ou même préférerait rester dans sa famille, en pareil cas l'admission était convertie en une subvention mensuelle ou annuelle (art. 4). La dotation de ces asiles était fournie, en outre des subventions volontaires : 1° par un pré-

(1) Le principe contenu dans l'art. 6 de la loi du 18 juin 1850 a été étendu par la loi du 20 juillet 1886, art. 2. D'après cet article, les pensions liquidées, même avant cinquante ans, pour cause de blessures graves ou d'infirmités prématurées, entraînant incapacité absolue de travail, peuvent être bonifiées à l'aide d'un crédit ouvert chaque année au budget du ministère de l'intérieur. Le montant des pensions bonifiées ne peut-être supérieur au triple du produit de la liquidation ni dépasser un maximum de 360 francs.

La loi du 31 décembre 1895, art 4. attribue la moitié du produit de la vente des joyaux de la Couronne au service de ces bonifications.

Dans ces conditions, la Caisse des retraites offre une partie des avantages d'une caisse d'assurance ; mais il convient de remarquer que cette bonification reste dans des limites restreintes, et surtout qu'elle est abandonnée à la discrétion des pouvoirs publics ; le déposant reçoit une faveur, il n'est pas investi d'un droit.

lèvement de un pour cent sur le montant des travaux publics adjugés dans la ville de Paris et dans sa banlieue ; 2° par les abonnements pris par les chefs d'usine et les sociétés de secours mutuels (art. 5). Par voie de conséquence les ouvriers appelés à bénéficier des avantages de cette institution étaient ceux qui travaillaient soit aux chantiers de travaux publics, soumis au prélèvement établi par l'art. 5, soit dans les usines abonnées, ou ceux qui appartenaient aux sociétés de secours mutuels abonnées (art. 2).

Il y avait là une institution réunissant à la fois les caractères d'un établissement hospitalier et d'une caisse d'assurances ; mais si elle a fonctionné comme établissement hospitalier, elle n'a jamais été organisée comme caisse d'assurances. En fait même, les asiles de Vincennes et du Vésinet n'ont pu être ouverts qu'aux ouvriers et ouvrières convalescentes ; les ressources insuffisantes dont ces établissements disposaient ne leur ont pas permis de recevoir comme on se l'était proposé les ouvriers victimes d'accidents professionnels entraînant une incapacité permanente de travail. V. circulaire ministérielle du 3 octobre 1868.

La caisse d'assurances contre les accidents, établie par la loi du 11 juillet 1868, n'avait donc pas en réalité de précédent digne de ce nom, c'était une institution entièrement nouvelle, une création pleine de difficultés que le législateur avait à résoudre sans le secours de l'expérience.

Dans l'esprit des auteurs de la loi du 11 juillet 1868 la Caisse d'assurances, en cas d'accidents tend, comme la Caisse d'assurances en cas de décès, créée par la même loi, à développer chez l'ouvrier l'esprit de prévoyance ; Il y a là un trait essentiel qui distingue l'institution nouvelle des institutions similaires. La loi veut que l'ouvrier essaie de réaliser sur son gain les ressources nécessaires pour faire face aux risques professionnels qui peuvent l'atteindre. Mais craignant que cet esprit de prévoyance ne pénètre trop lentement au sein des populations ouvrières, la loi le stimule par l'encouragement d'une subvention destinée à grossir le produit des épargnes privées. La bienfaisance publique et la prévoyance individuelle sont ainsi appelées à concourir au soulagement des infortunes causées par les accidents du travail.

L'organisation de la caisse soulevait une série de questions qu'il était nécessaire de résoudre : tout d'abord 1° à quelles catégories de personnes devait s'étendre l'assurance ? 2° quelle était la nature de l'incapacité de travail pouvant donner lieu à indemnité ? 3° Sur quelles bases devraient être fixées les cotisations et les indemnités ? 4° Enfin qu'elles devaient être les ressources de la caisse ?

La solution de ces différentes questions contient tout le système de la loi.

§ II. — Catégories de personnes admises à l'assurance.

Tandis que l'accès de la Caisse des retraites ou de la Caisse d'assurances en cas de décès est ouvert à toute personne, le bénéfice de l'assurance contre les accidents est réservé aux personnes livrées aux travaux agricoles et industriels. Ce n'est en effet que dans le domaine de l'agriculture et de l'industrie que les accidents professionnels peuvent se produire avec une gravité et une fréquence qui soient de nature à éveiller la solitude du légistateur.

La loi exclut donc les fonctionnaires, les agents de la force publique, qui pour la plupart bénéficient d'institutions spéciales, les personnes qui se livrent aux professions libérales, les négociants et leurs commis, enfin les domestiques attachés à leur personne. Ce dernier point a été l'objet d'une vive discussion devant le Corps légalislatif. On faisait observer, non sans quelque raison, qu'il n'y avait pas de différence sérieuse à établir entre la situation d'un camionneur, et celle d'un cocher, blessés l'un et l'autre d'un coup de pied de cheval, que le risque professionnel était de même nature et que si les ouvriers méritaient d'être protégés, le sort des domestiques n'était pas moins intéressant. Il fut répondu qu'il n'y avait pas lieu de faire profiter des faveurs de la loi les domestiques attachés à la personne, c'est-à-dire les domestiques de luxe, que ce serait donner un encouragement à cette disposition fâcheuse, trop générale déjà, d'abandonner le travail manuel des champs, pour s'attacher au service de la personne.

On fit valoir également une considération d'ordre financier ; ainsi que nous le verrons plus tard la Caisse ouvre à ceux qui font des versements le droit de recevoir de l'Etat une pension égale à celle à laquelle ils ont droit par leurs versements; dans l'intérêt des finances publiques il convenait de ne pas généraliser outre mesure l'avantage particulier fait par la loi.

Il était cependant une catégorie de personnes, dont la profession était complètement étrangère à l'agriculture ou à l'industrie, et qui néanmoins était admise au bénéfice de la loi en vertu d'une disposition particulière ; c'étaient les compagnies ou subdivisions de sapeurs-pompiers. Elles peuvent être assurées contre les risques inhérents, soit à leur service spécial, soit aux professions individuelles des ouvriers qui les composent (art. 15). « Quel plus juste emploi de l'assurance faisait observer « le rapporteur (Rapport de M. le baron de Beauverger, « *Moniteur*, 1868, p. 892), que d'en faire la garantie de ces « généreux citoyens, dont le dévouement volontaire « ne redoute ni la fatigue ni périls et ne cherche sa « récompense que dans l'accomplissement du devoir. »

Mais depuis le décret du 12 juillet 1879, rendu pour l'exécution de la loi de finances du 13 avril 1898, art. 59, l'assurance des sapeurs-pompiers est devenue pour les communes une assurance obligatoire soumise à des régles

spéciales (1) fort différentes des règles générales posées
par la loi du 11 juillet 1868.

Laissant de côté ce cas spécial, nous dirons que,
dans le système de la loi du 11 juillet 1868, l'assurance
par la Caisse, n'est ouverte qu'aux personnes livrées aux

(1) L'assurance s'applique non seulement en cas de blessures reçues
dans un service commandé, mais aussi en cas de maladie contractée
dans le même service. Si les blessures ou la maladie ont entraîné
une incapacité de travail permanente et absolue, l'ayant droit reçoit
une pension viagère dont le chiffre varie de 360 à 1,080 francs, suivant la population de la commune (art. 1ᵉʳ). En cas de décès, soit à
la suite de blessures ou de maladie, ou même pour une cause quelconque, lorsque le sapeur-pompier est déjà bénéficiaire d'une pension
allouée pour incapacité permanente et absolue de travail, la veuve
et les enfants mineurs ont droit à une pension égale aux deux tiers
de l'indemnité mentionnée ci-dessus, dans les proportions fixées par
le décret (art. 2 et 3). Les primes de l'assurance sont versées au nom
des communes à la Caisse d'assurances en cas d'accidents; mais
elles sont fournies par l'État au moyen d'un prélèvement sur le
crédit ouvert au budget du ministère de l'intérieur, sous le titre :
« Subvention aux communes pour les sapeurs-pompiers et le maté-
« riel d'incendie »; le montant de la prime varie, suivant la population de la commune, de 0 fr. 30 à 0 fr. 90 par an. Pour faire face aux
charges de l'assurance, la caisse dispose : 1° du montant des primes
ci-dessus déterminées ; 2° des dons et legs qui lui sont faits avec
affectation spéciale aux fonds des sapeurs-pompiers ; 3° d'un prélèvement supplémentaire sur la subvention précitée ; 4° de ses ressources
générales (art. 6). Le service des pensions dues aux sapeurs-pompiers ou à leurs veuves est effectué par la Caisse des retraites
moyennant la remise qui lui est faite, par la Caisse d'assurances, en
cas d'accidents, du capital nécessaire au service de ces pensions
(art. 8); les pensions temporaires accordées aux orphelins sont
servies directement par la Caisse d'assurances en cas d'accidents
(art. 9). Lorsque les blessures ou la maladie n'ont entraîné qu'une
incapacité de travail temporaire, le sapeur-pompier a droit aux soins
médicaux, aux fournitures pharmaceutiques, ainsi qu'à une indemnité (art. 18); ces dépenses sont acquittées par les communes, tant
au moyen de leurs ressources propres que des subventions de l'État

2 B.

travaux agricoles et industriels. Mais, dans cette limite, le bénéfice peut en être réclamé par toute personne, aussi bien par le patron que par l'ouvrier, aussi bien par l'ingénieur, par le chef d'une grande exploitation, que par le petit patron, le petit propriétaire dont la condition ne se distingue pas de celle des ouvriers qu'il emploie.

Parmi les ouvriers, l'assurance s'étendra aussi bien aux ouvriers salariés à la journée, au mois, qu'aux ouvriers salariés à l'année.

Indiquons dès à présent que le domaine de la loi du 11 Juillet 1868 a été considérablement restreint, par la loi du 9 Avril 1898. Les personnes comprises dans l'énumération de la ,loi, c'est-à-dire en principe les ouvriers de l'industrie, bénéficient de plein droit, d'un système de réparation, qui rend pour elle, toute assurance superflue. Dans le chapitre qui va suivre, nous aurons à indiquer avec plus de détails, les modifications apportées à l'organisation de la Caisse, à la suite de la loi du 9 Avril 1898.

Revenons à la loi du 11 Juillet 1868. Elle n'admet

et du département (art. 26 et 27), elles ne donnent pas lieu à assurance.

Comme conséquence de ces dispositions nouvelles, les communes qui avaient assuré nominativement leurs compagnies de sapeurs-pompiers dans les termes de la loi du 11 juillet 1868, cessent de verser leurs primes, dont le paiement est effectué désormais par le ministère de l'intérieur (art. 31).

Les pensions à concéder doivent être désormais liquidées conformément (art. 31) à l'art. 1er. La mise en vigueur du décret est fixée au 1er janvier 1900 (art. 34).

aucune exclusion fondée sur l'état de santé de l'assuré.
A cet égard elle se montre plus libérale que les compagnies privées d'assurances, qui n'admettent pas en
général les personnes qui ont été atteintes d'une attaque
quelconque de paralysie, apoplexie, épilepsie, folie, ou de
maladies et d'infirmités graves et permanentes, ou les
personnes d'un âge avancé (65 ans et au-dessus), parceque ces personnes sont particulièrement exposées
à être victimes des accidents. On a pensé que les ouvriers
appartenant à cette catégorie, ne représentait qu'un
nombre infime, que c'était ceux dont la situation,
méritait le plus d'intérêt et surtout que la constatation
de ces infirmités aurait entraîné des investigations de
nature à jeter la défaveur du public sur l'institution
nouvelle.

§ III. — Accidents qui font l'objet de l'assurance

L'assurance ne garantit pas les accidents quelconques
survenus aux personnes assurées, mais seulement
ceux dont les assurés sont victimes, dans l'exercice
de leur profession. Lorsqu'il s'agit d'accidents étrangers
à leur profession, les personnes occupées dans les
travaux industriels ou agricoles, ne se trouvent pas
plus exposées que des employés de l'Etat, ou bien des
particuliers, qui ne peuvent bénéficier de l'assurance.
Cette catégorie d'accidents est trop rare pour mériter

l'attention du législateur qui ne doit intervenir que dans un but social évident.

Au cours de la discussion devant le Corps législatif, il avait été demandé si les blessures reçues dans l'accomplissement d'un acte de dévouement, par exemple dans un incendie, dans un sauvetage, en arrêtant un cheval emporté, ne donneraient pas droit au bénéfice de l'assurance; de pareils actes, disait-on, valent bien toute espèce de travail agricole ou industriel. La commission et le gouvernement répondirent que sans le moindre doute, une personne blessée en accomplissant un acte de dévouement, rentrait dans les catégories prévues par le projet de loi. Malgré la double autorité qui s'attache à un tel avis, nous ne saurions admettre cette solution ; le texte seul de la loi peut faire autorité; or la loi n'attribue d'indemnité qu'aux personnes « blessées dans l'exé-« cution de travaux agricoles ou industriels » (art. 1er) il ne nous est pas permis d'étendre le bénéfice de la loi à d'autres catégories d'accidents.

L'accident même professionnel, ne donne droit à l'indemnité, que s'il entraîne soit une incapacité permanente de travail, soit la mort de l'assuré (art. 1er).

L'incapacité permanente de travail est définie par l'art. 10 de la loi; elle peut consister, soit en une incapacité absolue du travail, soit en une incapacité permanente du travail de la profession. La caisse n'attribue aucune indemnité à raison des accidents qui n'entraînent qu'une incapacité temporaire de travail. Les accidents de cette

dernière catégorie sont sans doute les plus nombreux,
mais ils sont loin d'avoir des conséquences aussi graves
soit pour la victime, soit pour la société. Si l'incapacité
de travail est de courte durée, l'ouvrier possédera le plus
souvent les ressources nécessaires pour faire face au chô-
mage; si elle est un peu plus longue, il pourra obtenir
des ressources, soit d'une société de secours mutuels, s'il
a eu la prudence de s'y affilier, soit d'une institution de
prévoyance publique ou privée. Sa situation est loin de
présenter le même intérêt que celle d'un ouvrier victime
d'un accident entraînant une incapacité permanente de
de travail et condamné, lui et les siens, pour le reste de
ses jours à la misère la plus affreuse.

Il paraissait en outre que l'assurance pour les accidents
n'ayant que des conséquences temporaires, fut, plus particulièrement du domaine des compagnies d'assurances
privées ; c'est la considération qui fut mise en avant pour
décider le rejet d'un amendement présenté par M. Paulmier député, autorisant la Caisse à fournir à l'assuré
des secours temporaires. jusqu'à ce que l'incapacité permanente de travail put être constatée.

« Vous vous rappelez, Messieurs, (fit observer le com-
« missaire du gouvernement, Monsieur Vernier), la dis-
« cussion assez longue qui a eu lieu et qui avait pour
« objet de déterminer avec une certaine précision, quel
« est le champ dans lequel devra se mouvoir l'Etat pour
« ce qui concerne la Caisse qu'il va créer et le champ
« qu'il devra laisser ouvert aux Compagnies. Il vous a

« été expliqué que les Compagnies se livrent à ce genre
« d'assurances que réclame aujourd'hui l'honorable
« M. Paulmier, et que ce genre d'assurance constitue la
« presque totalité de leur clientèle. Il a été même fait
« dans le rapport de l'honorable M. de Beauverger, un
« décompte qui indique que, dans la décomposition des
« assurances, celles pour les accidents avec consé-
« quences temporaires représentent 98 pour cent dans le
« total de leurs entreprises. Même après les développe-
« ments donnés par l'honorable M. Paulmier à son amen-
« dement, je crois qu'il faut rester dans les termes où la
« loi a entendu se placer : action du gouvernement dans
« les cas pour lesquels elle est faite ; et au contraire,
« action des compagnies dans les cas que l'expérience
« indique aujourd'hui comme très appropriée à ce genre
« d'opération. »

A ces raisons, on aurait pu ajouter que la surveillance des conséquences temporaires des accidents aurait
offert, au point de vue pratique, de graves difficultés
pour l'administration de la Caisse et que cette dernière
aurait été exposée à devenir victime de fraudes nombreuses.

D'autre part, il suffit que l'accident entraînant la
mort ou une incapacité permanente de travail soit survenu dans l'exercice de la profession pour que le droit
à l'indemnité, soit acquis à la victime ou à ses ayant
droit. En matière d'assurances, en cas d'accidents,
comme en matière d'assurances sur la vie, l'esprit de la

loi du 11 juillet 1868 est d'écarter les déchéances multi-
tiples et les prescriptions rigoureuses imaginées par les
compagnies pour diminuer leur responsabilité et quelquefois pour trouver un moyen de se soustraire à leurs
engagements. C'est ainsi que la plupart des compagnies
refusent toute indemnité lorsque l'accident est survenu
par suite d'une contravention aux lois et règlements (1),
clause dont certaines compagnies ont si étrangement
abusé, imposent à l'assuré, à peine de perdre tout droit
à indemnité l'obligation de déclarer l'accident dans un
court délai, habituellement vingt-quatre ou quarante-
huit heures, établissent pour l'action en indemnité une
courte prescription, six mois ou un an. Les contrats passés par la Caisse ne reproduisent pas ces exceptions et
fins de non recevoir, particulièrement redoutables pour
une clientèle étrangère aux affaires, et qui, en frappant
de déchéance les droits des victimes les plus dignes d'intérêt, auraient fait dévier l'institution de son but huma-
nitaire et l'auraient irrémédiablement discrédité dans

---

(1) Il est clair que le bénéfice du contrat d'assurance deviendrait
illusoire dans la plupart des cas, si l'on pouvait en exclure tous les
faits qui constituent une contravention aux lois et règlements,
notamment aux articles 319 et 320 du Code pénal. Contrairement
aux prétentions des compagnies, la jurisprudence limite l'application de cette clause aux fautes lourdes équivalentes au dol ; elle ne
l'étend pas aux simples faits de négligence ou d'imprudence, qui
tombent sous le coup des articles précités ; c'est la seule interprétation raisonnable qui puisse être donnée à la volonté des parties contractantes.
Paris, 11 nov. 1897. *Le Droit*, 3 déc. 1897. Trib. civ. Seine,
6 déc. 1898. *Gaz. des Trib.*, 5 fév. 1899.

l'esprit public. L'assuré conservera donc son droit, même lorsque l'accident aura eu sa cause dans une contravention aux lois et règlements, aucun délai de rigueur, ne lui est imposé pour la déclaration de l'accident ; enfin son action n'est soumise qu'à la prescription trentenaire.

§ IV. — Détermination de la nature de l'accident.

La détermination du caractère de l'accident peut offrir dans la pratique d'assez sérieuses difficultés. Il arrive souvent que la gravité d'un accident ne peut être immédiatement déterminée et qu'il y a doute sur le point de savoir si cet accident entraînera une incapacité permanente, soit de toute espèce de travail, soit de travail professionnel, ou seulement une incapacité temporaire plus ou moins prolongée. Cette distinction, dont dépend le droit à l'indemnité sera dans certains cas fort délicate à établir.

Il ne pouvait être question en pareille matière, de constituer l'administration juge et partie, en lui accordant le droit de trancher seule et sans recours, des difficultés de cette nature. On eut fait à l'administration en lui conférant un tel pouvoir, un présent funeste, qui eut infailliblement entraîné la méfiance du public, et le discrédit de l'institution. Pour éviter ces inconvénients, le décret d'administration publique du 10 août 1868 a institué un comité consultatif dont le contrôle sauvegarde les droits des intéressés et leur assure une garantie efficace.

La commission consultative comprend en effet, à côté de représentants de l'élément administratif, une majorité de membres indépendants de l'administration, représentant l'élément qui fournit la clientèle de la Caisse. Elle est composée dans chaque arrondissement, sous la présidence du préfet, du sous-préfet ou de leur délégué, de quatre membres désignés par le préfet, savoir : un ingénieur des ponts et chaussées ou des mines en résidence dans l'arrondissement, un médecin et deux membres de sociétés de secours mutuels, s'il en existe dans l'arrondissement, à défaut de sociétés de secours mutuels, s'il n'en existe pas dans l'arrondissement, le préfet nomme deux membres, pris parmi les chefs d'industrie, les contremaîtres où les ouvriers des professions les plus répandues dans l'arrondissement (décret du 10 août 1868, art. 24). Le comité est appelé à donner son avis chaque fois que se produit un accident de nature à engager la responsabilité de la Caisse ; cet avis est transmis avec les pièces à l'appui, au directeur général de la Caisse qui statue (art. 30).

Si, malgré cette garantie, l'assuré se croit lésé par la décision de l'administration qui lui aurait refusé l'indemnité à laquelle il croyait avoir droit, il conserve la faculté d'engager une instance devant les tribunaux pour faire déterminer la nature de l'accident, et en même temps l'indemnité qui lui est due. La juridiction, devant laquelle cette instance sera portée, sera la juridiction de droit commun; il est en effet de principe que les contrats de l'administration avec les particuliers sont régis par les lois civiles et que les contestations auxquelles ils peuvent donner lieu sont de la compétence des tribunaux judiciaires; il n'est fait exception à cette règle que pour des contrats que des lois spéciales ont soumis à la juridiction administrative, tels que marché de travaux publics, les marchés de fournitures passés au nom de l'Etat et les ventes de domaines nationaux. En notre matière, la compétence des tribunaux de droit commun a été formellement reconnue lors de la discussion de la loi; elle n'a jamais fait non plus aucune difficulté dans la pratique. Angers, 14 juin 1898. Dalloz, 1898-2-520.

§ V. — Base des cotisations

Une des principales difficultés qui se présentaient au législateur de 1868 consistait à déterminer la base des cotisations. En matière d'assurances, en cas de décès, le législateur possédait des statistiques vérifiées par une expérience déjà ancienne et qui, surtout lorsqu'il s'agissait d'un genre d'assurances bien connu, tel que l'assurance en cas de décès permettait d'éviter toute chance d'erreur sérieuse. Rien de pareil n'existait en 1868 pour l'assurance en cas d'accidents. En matière d'accidents, on en était encore aux premières recherches; l'existence des compagnies qui assuraient contre le risque profes-

sionnel était encore toute récente et les opérations de
ces compagnies, fort limitées, ne pouvaient fournir la
base d'une statistique générale, digne de quelque confiance. Les statistiques étrangères faisaient également
défaut.

Dans cette incertitude, les auteurs de la loi du 11 juillet 1868 adoptèrent comme point de départ de leurs calculs, les résultats obtenus dans la seule industrie qui,
placée sous le contrôle de l'Etat, eut fait alors l'objet
d'une statistique sérieuse, l'industrie des mines. Chaque
année, les ingénieurs du gouvernement chargés de la
surveillance des exploitations, relevaient dans leurs rapports les accidents qui s'y étaient produits, ainsi que le
nombre des morts et des blessés ; cette statistique conti-
nuée depuis un grand nombre d'années, révélait un rapport à peu près constant entre le nombre des accidents survenus et celui des ouvriers employés ; c'était la
preuve qu'on se trouvait en présence d'une sorte de loi
naturelle, analogue à la loi de la mortalité et qui par la
fixité des rapports qu'elle relevait, pouvait fournir une
base solide aux prévisions humaines.

Les résultats constatés dans l'exploitation des mines
pendant les cinq dernières années antérieures à 1865 faisaient connaître que, sur un nombre moyen annuel de
226.739 ouvriers, il y avait eu 337 tués, 1.511 blessés,
ensemble 1.848 tués ou blessés, c'est-à-dire 815 pour
100.000 ouvriers. Mais ce chiffre comprenait, non-seulement les ouvriers victimes d'accidents graves, entraînant

une incapacité permanente de travail, mais aussi les
ouvriers atteints plus légèrement, qui ne devaient pas
être admis au bénéfice de l'institution nouvelle. En
l'absence de renseignements précis sur ce point dans les
rapports des ingénieurs, on en fut réduit à une appréciation approximative et quelque peu arbitraire et on
admit que les deux cinquièmes seulement du nombre
total des ouvriers tués ou blessés, soit 320 pour 100.000,
donneraient lieu à la création d'une rente viagère ou au
paiement d'un capital. Ce fut donc la proportion de 320
pour 100.000 qui fut prise comme base de calcul pour
l'établissement des cotisations.

L'adoption d'une pareille base offrait de graves inconvénients. En premier lieu elle était évidemment trop
élevée. La profession de mineur est une de celle qui
donne lieu au plus grand nombre d'accidents et au plus
grand nombre de victimes. Il était facile de prévoir que
la moyenne des accidents donnant droit à indemnité
resterait, d'une façon bien générale, bien au-dessous de
la proportion de 320 pour 100.000.

Sans doute, en appliquant à toutes les autres professions qui sont en général moins périlleuses, la proportion
constatée dans la profession de mineur, on pouvait se
flatter, avec le rapporteur de la loi, « d'échapper au
« mécompte que l'Etat trouverait dans un calcul insuf-
fisant » Rapport de M. le baron de Beauverger. *Mon.*
1868, p. 892). Mais c'était une illusion singulière de penser qu'un tel système serait favorable à la prospérité de

l'institution « les résultats effectifs des opérations devant
« être certainement meilleurs que les résultats proba-
« bles ». A défaut de l'expérience qui manquait le
raisonnement suffisait pour écarter ce système. Il était
en effet bien évident que toutes les professions offrant
un risque professionnel moindre que celui de la profession de mineur, c'est-à-dire de beaucoup les plus nombreuses, seraient détournées de l'assurance, par suite
de l'élévation de la prime ; c'était retirer le bénéfice de
l'institution à l'universalité des travailleurs agricoles et à
la grande majorité des travailleurs de l'industrie et en
réserver les avantages à un petit nombre de professions.
Seuls, les ouvriers appartenant à une profession présentant un risque égal ou même supérieur à celle du
mineur, auraient eu intérêt à contracter des assurances
avec la caisse qui aurait ainsi perdu son caractère d'institution d'intérêt général pour être convertie en une
fondation réservée à un petit nombre d'industries.

Une autre inconvénient, non moins grave, était à
redouter. Si jamais les opérations de la Caisse avaient
reçu un développement sérieux, ces opérations pouvaient
aboutir peut-être à des pertes considérables. Seules les
professions ayant un risque professionnel plus élevé que
le risque admis comme base uniforme de toutes les
primes, auraient eu intérêt à contracter l'assurance ;
seules elles auraient constitué la clientèle de la Caisse,
qui dès lors aurait éprouvé un déficit inévitable. Ce
résultat pouvait ne se manifester qu'au bout d'un temps

assez long ; car les résultats des assurances en cas d'accidents ne peuvent être mis en lumière qu'au bout d'une
période de quelque durée. Mais tôt ou tard, cette fâcheuse
conséquence devait se manifester. Si elle ne s'est point
produite, c'est que d'une part, l'élévation du tarif aurait
rendu l'assurance avantageuse pour un nombre très
restreint de professions et que d'autre part les opérations
confiées à la Caisse par la loi du 11 juillet 1868 n'ont
jamais reçu pour des causes multiples de développement
sérieux.

La loi du 24 mai 1899, qui a récemment étendu les
opérations de la Caisse à un nouveau genre d'assurances
contre les accidents a évité cette erreur.

La véritable solution du problème, que l'expérience
des compagnies d'assurances privées devait indiquer
bientôt, et à laquelle la loi du 24 mai 1899 s'est ralliée,
consistait à fixer, au lieu d'une prime unique, applicable
à toutes les professions, une prime distincte pour chaque
profession, correspondant au risque professionnel qu'elle
comporte. C'est le seul moyen de rendre l'assurance
accessible à l'universalité des professions ; la prime
devenant proportionnelle au risque couru, on n'a pas à
craindre de voir certaines professions détournées de
l'assurance par l'élévation de la prime unique, tandis
que d'autres, particulièrement exposées, trouveraient
dans cette même prime un élément de bénéfice et constitueraient une clientèle onéreuse pour l'institution.

Mais l'élaboration d'un tarif comportant des primes

distinctes pour chaque industrie nécessitait, comme condition indispensable, l'établissement de statistiques faisant connaître pour chacune de ces industries le risque
professionnel. En 1868 ces statistiques n'existaient pas,
même à l'état d'ébauche ; on ne peut donc reprocher
trop sévèrement au législateur de 1868 d'avoir adopté
la base qu'il a prise ; on est d'autant moins autorisé à
le faire que dans sa pensée cette base n'était admise qu'à
titre provisoire, et qu'il avait lui même pris soin d'édic-
ter une révision périodique et assez fréquente des tarifs
d'après les données de l'expérience (art. 16).

§ IV. — Base des indemnités

Après avoir ainsi fixé le quantum du risque, il fallait
déterminer la base de l'indemnité. Devait-elle consister
en un capital ou une rente viagère ? Chaque système
offre des avantages et des inconvénients,

En général, avant la loi du 9 Avril 1898, les assureurs
accordaient la préférence à l'indemnité, consistant en une
somme fixe, qui, une fois payée, réglait toutes les
conséquences de l'accident. C'est d'abord une simplification plus grande des calculs; les indemnités étant
définitivement réglées dans le courant de chaque exercice,
les résultats constatés par l'inventaire annuel, se trouvent
acquis d'une manière irrévocable.

La situation de l'assureur offre plus de clarté et par

là même, plus de sécurité, il n'est pas obligé d'immobi-
liser des capitaux considérables; si ses opérations lui
ont donné un bénéfice, il peut le réaliser, le distribuer,
sous forme de dividende; si les résultats obtenus sont
défavorables, il peut liquider, avant d'être englouti
dans une ruine complète, sans crainte de voir la liquidation paralysée par des opérations à longue échéance.
Il y avait là un motif sérieux d'utilité pratique, pour
détourner les compagnies de se charger d'un service de
rentes viagères en faveur des victimes d'accidents. Les
assurés de leur côté, préféraient toucher un capital,
qu'ils pouvaient placer à leur gré, en rentes viagères,
dans des établissements de tout repos, plutôt que d'être
obligés, pendant la durée de leur vie, à suivre la foi
d'une compagnie d'assurances contre les accidents, dont
le crédit ne leur inspirait pas la même confiance; il ne
faut pas oublier qu'en effet, qu'avant la loi du 9 avril 1898,
les compagnies d'assurances contre les accidents, étaient
loin de présenter les mêmes garanties que les compagnies d'assurances sur la vie; la jurisprudence ne les
rangeait pas dans la catégorie des sociétés soumises par
l'art. 66 de la loi du 24 juillet 1867, à la surveillance
et au contrôle du gouvernement. Paris, 25 mars 1878.
Dalloz, 1875-2-17. Pandectes françaisse. (V. Assurances
contre les accidents, n. 10 et s.) (1)

(1) Ces observations n'ont de valeur, ainsi que nous l'avons
indiqué, que pour la période antérieure à la loi du 9 avril 1898 ;
depuis cette loi, les compagnies qui se livrent à l'assurance du risque
professionnel doivent couvrir ce risque tel qu'il est déterminé par la

Pour une caisse d'État au contraire le système des rentes viagères semblait devoir s'imposer. Il était exigé pour une raison décisive ; seul il permettait à l'institution de remplir le rôle social, auquel elle était destinée.

Si l'on veut mettre à l'abri de la misère l'ouvrier victime, à la suite d'un accident, d'une incapacité permanente de travail, il n'est pas possible de laisser à sa disposition un capital qui, sous l'influence de besoins pressants, sera promptement dissipé ; l'ouvrier se trouvera de nouveau sans ressource ; comme par le passé son existence restera à charge à lui même et à la société. Il est évident que le but de l'assurance n'est pas atteint, si l'ouvrier n'est pas mis à l'abri du besoin, jusqu'à la fin de ses jours, par l'allocation d'une indemnité viagère. Aucune des objections que nous venons d'énumérer ne s'adressait à une institution publique ; à la différence des sociétés privées, elle agissait dans un but désintéressé et n'avait pas la préoccupation du dividende annuel ; ayant un caractère permanent, elle n'avait pas à craindre les opérations à longue échéance ; enfin

loi et sont en outre astreintes à des garanties spéciales. (V. décret du 28 février 1899). Sans doute, pour les risques non prévus par la loi du 9 avril 1898, la situation n'est pas changée et les parties restent libres de débattre les clauses du contrat d'assurance, notamment en ce qui concerne la fixation de l'indemnité. Mais il faut tenir compte, en fait, de ce que les compagnies qui assureront cette catégorie de risques seront presque toujours les mêmes que celles qui assurent les risques prévus par la loi du 9 avril 1898. Or, ces compagnies se trouvent aujourd'hui pourvues d'une organisation spéciale en vue de la constitution et même du service des rentes viagères.

soutenue par le crédit public, elle pouvait inspirer à sa clientèle la confiance absolue et lui constituer le placement le plus sûr.

On peut donc s'étonner que la loi de 1868 ne se soit pas nettement prononcée en faveur du système des indemnités viagères et ait cru devoir imaginer une combinaison nouvelle, qui emprunte ses éléments aux deux systèmes en présence. En principe l'indemnité est représentée par un capital fixe, mais ce capital n'est pas mis à la disposition de l'assuré ; il est confié à la Caisse des retraites qui lui constitue une pension viagère (art. 11). Si l'accident a eu pour conséquence la mort de l'assuré, le secours alloué à sa veuve, à ses enfants mineurs ou à son père ou à sa mère sexagénaire est égal à deux années de la pension auquel il aurait eu droit aux termes de l'article 11 (art. 12).

Cette organisation emprunte le trait essentiel du système des indemnités viagères ; l'assuré ne touche d'une façon effective qu'une rente. Il ne pouvait en être autrement ; c'était une nécessité commandée par le but de l'institution. D'autre part la Caisse d'assurance se libère par le versement d'un capital fixe.

Nous n'hésitons pas à penser que la loi de 1868 eut mieux fait de s'en tenir purement et simplement au système des indemnités viagères et de ne rien emprunter au système des indemnités consistant en un capital fixe. L'avantage de la combinaison est peu appréciable. Elle permet il est vrai de liquider plus facilement chaque

année la situation de la Caisse ; ce n'est en somme qu'une
simplification de calcul, qui n'est pas d'un intérêt essentiel
pour une institution telle que la Caisse des accidents ;
à la différence de certaines sociétés privées dont la
situation exige un prompt règlement, la Caisse est organisée pour affronter les combinaisons de longue durée.
Les calculs qui auraient été nécessités par l'allocation
d'indemnités viagères sont familières à la Caisse des
retraites ; ils n'étaient pas inabordables à la Caisse
d'assurances en cas d'accidents.

L'attribution d'un capital fixe convertible en rente viagère suivant les tarifs de la Caisse des retraites, offrait
d'autre part un grave inconvénient : le capital étant fixe,
le montant de la pension était variable suivant l'âge de
la victime de l'accident : il était d'autant plus élevé que
la victime était plus âgée, d'autant moindre qu'elle était
plus jeune. Ce résultat n'avait rien de logique. La raison
exige que la rente soit proportionnée aux besoins de l'assuré ; or, l'expérience constate que ces besoins ne sont pas
moindres lorsque l'assuré est dans la force de l'âge que
lorsqu'il est sur les confins de la vieillesse. C'est même
le plus souvent le contraire qui se produit : un ouvrier
âgé de trente ans, père d'enfants en bas âge, aura plus
de charges qu'un ouvrier de 60 ans, dont les enfants
sont depuis longtemps établis ; il n'est pas rationnel d'allouer au second une rente viagère plus élevée qu'au
premier. Il conviendrait de fixer le montant de la
rente d'après les besoins de chacun, ou tout au moins

d'allouer à chacun une pension d'égale importance : à cet effet, il aurait fallu que la caisse versât, à l'occasion de chaque sinistre, un capital variable calculé de façon à assurer à chaque sinistré, quel que fut son âge une rente viagère fixe.

Lorsque l'accident a entraîné la mort de l'assuré, la Caisse alloue à sa veuve, ou s'il est célibataire ou veuf sans enfants, à ses père et mère sexagenaires un secours égal à deux années de pension ; les enfants mineurs, quel qu'en soit le nombre, ont droit à une somme égale qui leur est payée cumulativement avec le secours payé à la veuve. Les secours se paient en deux annuités afin de répondre plus longtemps aux besoins de la famille.

Ces allocations sont insuffisantes, surtout en ce qui concerne les enfants mineurs ; si l'enfant est en bas âge, un secours fourni pendant deux ans ne lui permettra pas d'atteindre le moment où il pourra lui-même gagner sa vie. Il est singulier qu'un accident entraînant la mort de l'assuré, c'est-à-dire la plus grave de toutes les conséquences, ait pour l'assureur des conséquences infiniment moins onéreuses qu'un accident ayant entraîné une simple incapacité de travail.

§ VII. — Etablissement de catégories d'assurances

Nous venons de voir que l'indemnité consiste en un capital fixe, au moyen duquel est constitué une rente viagère, variable, suivant l'âge de l'assuré au moment de

l'accident. Une question se présentait alors : ce capital
fixe devait-il être constitué par une somme invariable
pour tous les assurés, et dès lors la prime devait-elle être
fixée d'une manière uniforme ? devait-on au contraire
admettre des cotisations différentes, donnant droit, en
cas de sinistre, à l'attribution d'un capital proportionnel
à l'importance des cotisations ? C'est le second système
qui a prévalu dans la loi de 1868. Le premier consistant
dans l'établissement d'une prime uniforme et l'allocation
d'un capital invariable ne peut guère se concevoir que
lorsque les assurés se trouvent dans des situations à peu
près analogues, qu'ils possèdent les mêmes ressources
et sont exposés aux mêmes besoins. La prime variable,
correspondant à une indemnité proportionnelle devait
être admise de préférence, dans une institution d'un caractère général, dont la clientèle devait se composer d'ouvriers appartenant à toutes les professions, à toutes les
régions de la France, ayant par suite des ressources fort
différentes et des besoins encore plus variés, un ouvrier
de grande ville pourra payer une prime plus élevée et
aura besoin d'une indemnité plus forte qu'un ouvrier des
campagnes, qui gagne un salaire moins élevé, mais peut
vivre à meilleur compte. Il était plus naturel dans ces
conditions d'établir des cotisations correspondant aux
situations diverses de ceux qui devaient les fournir.

Dans cet ordre d'idées il semblerait naturel de constituer la cotisation au moyen d'un prélèvement de tant
pour cent sur le montant des salaires. Dans les compa-

gnies privées, ce mode de procéder est d'un usage fréquent pour les assurances collectives, les livres du patron fournissant un moyen de contrôle facile ; mais pour les assurances individuelles, il est indispensable de fixer les primes à forfait, tout moyen de contrôle faisant complètement défaut. La loi de 1868, quelle que fût la nature de l'assurance individuelle ou collective a adopté le procédé le plus simple ; au lieu de proportionner rigoureusement le montant des cotisations au chiffre du salaire quotidien, elle a établi plusieurs séries de cotisations, correspondant à autant d'indemnités différentes. Chaque assuré a la faculté de choisir le type d'assurance qui lui parait le plus en rapport avec la situation présente ou avec ses besoins futurs.

Ces règles une fois posées, il devenait facile de déterminer le tarif. Il devait être combiné de façon à rester dans les limites modestes qu'il convient de donner aux pensions ouvrières. Ainsi que le fait observer avec raison l'exposé des motifs « la Caisse d'assurances en cas d'ac-
« cidents ne pouvait, pas plus que celle des assurances
« en cas de mort, avoir l'ambition de donner l'aisance.
« Elle ne devait prétendre qu'à mettre les victimes
« du travail à l'abri du besoin. Le but du projet n'est et
« ne peut être que de soulager l'infortune et de venir en
« aide au malheur. Dans cet ordre d'idées, les pensions à
« servir devaient rester dans les limites du but qu'il
« s'agit d'atteindre, et les cotisations devaient être mo-
« destes comme les pensions qu'elles doivent concourir à

« créer » Exposé des motifs, 8 juillet 1867, *Mon.* des 4,
8, 9, 10 octobre, p. 1268, p. 1284, 1287, 1290.

La loi de 1868 a donc établi trois catégories de cotisations : l'assuré verse à son choix et pour chaque année
8 francs, 5 francs ou 3 francs. Prenons maintenant un
exemple : si on suppose 100.000 assurés à la cotisation
annuelle de cinq francs, on aura à la fin de l'année, en
ajoutant six mois d'intérêt à 4 % un produit de cotisation
s'élevant à 510.000 francs ; en admettant, ainsi que le
faisaient les auteurs de la loi de 1868, que ces 100.000
assurés donnent lieu chaque année à 320 accidents donnant droit à indemnité, nous devrons diviser par
320 la somme de 510.000 francs, produit des cotisations
annuelles ; nous aurons ainsi pour chacun des ouvriers
morts ou blessés un capital de 1600 fr. soit 320 fois le
montant de la cotisation.

En effectuant le même calcul pour les cotisations de
8 francs et de 3 francs, nous trouverons que le capital
correspondant à chacune de ces cotisations sera respec-
tivement de 2560 et de 960 francs. C'est ce capital qui,
versé à la Caisse des Retraites, sera converti immédiatement par elle en une pension viagère au taux de ses
tarifs ou qui servira à payer une somme à la veuve ou
aux enfants de ceux qui auront succombé.

Les tarifs de la Caisse des retraites nous font connaître quel sera le taux de cette pension : en 1868 il résultait de ces tarifs qu'à l'âge de 16 ans, l'assuré, victime
d'un accident, aurait droit à 149 fr. de pension pour un

versement de 8 francs, de 93 pour un versement de 5 francs et de 56 francs seulement pour un versement de 3 francs. A trente ans, suivant les cotisations, ces chiffres se seraient élevés à 160, 100, et 60 francs. (Travaux préparatoire).

§ VIII. — Contribution de l'Etat à la formation des indemnités. Dons et legs faits à la Caisse.

Il était évident que malgré cette élévation succcessive à mesure que l'âge des sinistrés augmentait, les pensions restaient au-dessous du nécessaire. Pour les porter au niveau du besoin des intéressés, il fallait donc, soit élever le taux des cotisations, soit doter la Caisse de ressources spéciales.

C'est à ce dernier parti que le législateur de 1868 s'est arrêté ; tandis qu'il abandonnait la Caisse d'assurance en cas de décès à ses propres forces, il a cru devoir constituer au profit de la Caisse d'assurances en cas d'accidents des ressources particulières alimentées par les fonds publics. Les travaux préparatoires ne manquent pas de nous signaler cette différence. « Dans la Caisse d'assu-« rance en cas de mort, fait observer l'exposé des « motifs, le Trésor ne donne rien que des soins et une « garantie sagement ménagée, tandis que dans l'autre, « il contribue encore aux ressources dans une pro-« portion importante » (*Mon.*, p. 1284, an. 1867).

Mais nous ne trouvons nulle part la raison de la faveur

accordée à la Caisse d'assurances en cas d'accidents. On peut cependant l'expliquer.

La mortalité est un fait naturel, inévitable, dont les conséquences dommageables doivent être prévues par la prudence la plus ordinaire. Aussi, depuis longtemps, les combinaisons d'assurance sur la vie étaient entrées dans le domaine de la pratique ; dès le milieu du siècle dernier les statistiques qui servent de base à ces combinaisons avaient acquis une précision suffisante ; en 1868 l'assurance sur la vie était exploitée par des sociétés nombreuses et prospères ; ses avantages n'étaient ignorés de personne. Le privilège d'une dotation aurait été pour la caisse d'assurances en cas de décès, à la fois inutile et dangereuse ; il n'eut pas donné aux opérations d'assurance sur la vie une notoriété qui était déjà suffisante ; il eut créé une concurrence désastreuse pour les sociétés privées dont la prospérité était un élément de richesse dans la fortune publique ; enfin il eut été ruineux pour le Trésor et lui eut imposé des sacrifices énormes à raison de la proportion élevée de sinistres, par rapport au nombre des assurés. Il suffisait donc en créant une caisse d'Etat de donner des facilités particulières aux petites assurances que les compagnies négligeaient comme donnant des bénéfices insuffisants (1). L'accident au con-

(1) La Caisse nationale des retraites, pour des motifs analogues ne jouit pas d'une dotation de l'État. Les lois du 18 juin 1850 (art. 3) et du 20 juillet 1886 (art. 9) ont admis que la Caisse des retraites devait se suffire à elle-même. La loi du 31 décembre 1895, relative à la majoration des pensions de la Caisse des retraites et des sociétés

traire, est, par définition, un fait qui vient contrarier le cours habituel des choses et dont les lois compliquées ne peuvent être saisies qu'à la suite de longues et minutieuses observations. En 1868 ces observations commençaient à peine ; les éléments d'une statistique des accidents n'existaient pas ; l'assurance contre les accidents était une institution dont l'utilité était à peu près inconnue. L'industrie privée ne s'en était pas encore emparée ; une ou deux compagnies à peine, se livraient à ce genre d'opérations, elles n'avaient qu'une faible importance et, enfin, leur organisation ne répondait nullement aux besoins qui sont la triste conséquence des industriels et agricoles. Il fallait faire un grand effort pour déterminer dans l'opinion publique un mouvement en faveur de l'assurance contre les accidents, pour faire comprendre aux ouvriers l'intérêt qu'il y avait pour eux à se prémunir contre ce fait relativement rare, exceptionnel qui constitue l'accident. Le moyen le plus effi-

de secours mutuels servant à leurs membres des pensions de retraite, ne constitue pas une dérogation à ce principe. Le bénéfice de la majoration n'est accordé qu'à une catégorie très restreinte de déposants ; pour y avoir droit, le déposant doit justifier de 70 ans d'âge (68 ans depuis la loi du 13 avril 1898, art. 75) et de 25 années de versement (19 années à titre transitoire, loi du 30 mai 1899, art. 33 ; décret du 8 octobre 1899). Son revenu personnel, y compris la pension, ne doit pas être supérieur à 360 francs par an ; le chiffre maximum de la pension est fixé, majoration comprise, à 360 francs, enfin, le taux de la majoration est déterminée chaque année par la loi des finances. La majoration ne constitue donc qu'un secours alloué aux retraités indigents : ce n'est pas un avantage garanti à tout déposant lors de la souscription du contrat.

cace de propager l'assurance contre les accidents, de
mettre en évidence ces avantages certains, de stimuler la
prévoyance de l'ouvrier, la générosité du patron, c'était
de faire contribuer l'Etat dans une large mesure au paiement des indemnités.

L'intervention financière de l'Etat en matière d'assurances contre les accidents se justifiait en 1868, par la
difficulté comme par l'importance du but à atteindre.
Elle ne pouvait offrir, surtout à cette époque d'inconvénients sérieux : l'industrie privée des assurances contre
les accidents n'avait pas encore acquis une situation qui
lui permit de réclamer contre la concurrence dangereuse
d'une caisse d'Etat richement dotée (1), enfin les opérations imposées au Trésor restaient forcément limitées
puisque les accidents entraînant la mort ou une incapacité
permanente de travail ne représentent qu'une proportion
fort restreinte par rapport à l'ensemble des travailleurs.

A cette contribution de l'Etat pourront s'ajouter les
dons et legs faits à la Caisse (art. 9). A la différence
de la Caisse d'assurance en cas de décès qui doit se suffire à l'aide de ses seules ressources, la Caisse d'assurances en cas d'accidents est habilitée à recevoir des dons
et legs.

En principe, ces dons et legs devront être autorisés

(1) Il nous paraît probable que si la Caisse nationale d'assurances
en cas d'accidents avait fonctionné avec plein succès depuis 1868,
le développement des institutions privées d'assurances, se fut trouvé
sérieusement compromis, s'il en a été autrement il faut attribuer ce
résultat à l'échec complet éprouvé par la Caisse nationale.

conformément aux lois qui régissent les établissements publics, il est cependant des dons dispensés d'autorisation, tels sont les dons manuels. On pouvait penser que l'esprit de philanthrophie qui avait doté avec tant de générosité d'importantes fondations viendraient avec empressement aider l'institution nouvelle; mais néanmoins il convenait de ne faire état qu'avec prudence de ces ressources extraordinaires et de ne les porter que pour mémoire à raison de l'aléa qu'elles présentaient.

Le capital qui doit être converti en pension viagère sera donc composé, aux termes de l'art. 11 de la loi. 1° d'une somme égale à 320 fois le montant de la cotisation versée par l'assuré, 2° d'une seconde somme égale à la précédente et qui est prélevée sur les ressources indiquées au § 2 et 3 de l'art 9, c'est-à-dire la contribution de l'Etat et le produit éventuel des dons et legs.

Grâce à ces ressources le capital de la rente viagère sera donc doublé, ce qui entraînera le doublement de la pension elle-même. Reprenant les exemples cités plus haut, nous obtiendrons à l'âge de 16 ans, une pension totale de 298 francs pour la cotisation de 8 francs, de 186 francs pour celle de 5 francs et de 112 francs pour celle de 3 francs; à l'âge de 30 ans, ces pensions seront de 320, 200 et 120 francs suivant les cotisations. (Exposé des motifs).

Dans certains cas, ces chiffres restaient encore insuffisants; la loi décide que le montant des pensions ne peut être inférieur à 200 francs pour les cotisations de 5 francs

et à 150 francs pour les cotisations de 3 francs. Le chiffre
de la contribution de l'Etat est alors élevé de manière à
atteindre ces minima lorsqu'il y a lieu (art. 11). Cette
faveur se justifie facilement ; ceux qui ont versé les
primes les moins élevées sont vraisemblablement les plus
pauvres ; leur prévoyance mérite d'autant plus d'être
encouragée ; cette catégorie d'assurés est celle qui a le
plus de titres aux libéralités de l'Etat.

Si la loi détermine le minimum des pensions viagères
elle n'en fixe pas expressément le maximum, ce maximum
sera établi en fonction de l'âge, suivant l'importance de
la prime, pour chacune des trois catégories de cotisations.

§ IX. — **Dans l'établissement il n'est pas tenu compte de
la réduction de l'indemnité en cas de mort ou de simple
incapacité professionnelle.**

Les accidents occasionnant une incapacité absolue de
travail donnent seuls droit à l'indemnité ainsi déterminée.
Nous avons vu qu'en cas de mort, la veuve, les enfants
mineurs de l'assuré et dans certains cas ses ascendants,
n'avaient droit qu'à un secours égal à deux années de
pension, indemnité véritablement trop minime. De même
pour les accidents entraînant seulement une incapacité
permanente de travail professionnel la pension est moindre de moitié (art. 10). Cette fois la réduction est mieux
justifiée, car l'ouvrier peut alors trouver dans une pro-

fession nouvelle, moins rénumératrice, il est vrai que son ancienne profession, des ressources qui combleront l'insuffisance de sa pension.

Mais en tous cas, il est difficile d'expliquer comment les auteurs de la loi du 11 juillet 1868 n'ont pas tenu compte de cette double catégorie d'accidents dans l'établissement des tarifs. Le taux des cotisations a été fixé comme si tous les accidents avaient dû appartenir à la première catégorie, comme si les 320 accidents prévus chaque année sur 100.000 assurés étaient des accidents occasionnant une incapacité absolue de travail, et par suite donnant droit à la pension entière. C'était oublier que les accidents entraînant une simple incapacité de travail professionnel représentent une proportion considérable plus de moitié ; que les accidents mortels forment un quantum, qui ne peut être négligé. Si tous ces accidents ne donnent droit qu'à une pension réduite, les prévisions qui servent de base à l'établissement des tarifs seront de beaucoup supérieures à la réalité ; loin d'être obligée de faire appel aux concours de l'Etat pour pouvoir acquitter les pensions promises aux assurés, la Caisse trouvera dans les cotisations des ressources nécessaires à ces besoins.

Le simple raisonnement devait faire prévoir ce résultat ; l'évènement n'a pas manqué de le justifier. A cet égard la loi de 1868 présente une anomalie, qui aurait dû être promptement corrigée par l'élaboration de nouveaux tarifs, comportant, soit un abaissement considérable des cotisations, soit une élévation notable du taux des indemnités.

§ X. — Ressources au moyen desquelles est fournie la contribution de l'Etat. — Projet du gouvernement : prélèvement sur les fonds des travaux publics.

Il nous reste à rechercher au moyen de quelles ressources devait être fournie la contribution de l'Etat. D'après le projet du gouvernement, cette contribution devait être fournie au moyen d'un prélèvement sur les travaux qu'exécuteraient l'Etat et les départements, ainsi que sur les subventions accordées pour le même objet aux départements et aux communes. C'était le système adopté depuis longtemps pour l'institution des invalides de la marine, dont les ressources étaient alimentées au moyen d'un prélèvement sur les dépenses de la marine, (arrêté du 27 nivôse an IX) c'était aussi le système de l'arrêté ministériel du 15 décembre 1848, ordonnant un prélèvement de un pour cent sur les adjudications de travaux publics de l'Etat, afin de pourvoir aux soins et secours temporaires à donner aux ouvriers blessés sur les chantiers de l'Etat ; c'était le système du décret du 8 mars, établissant les asiles de Vincennes et du Vésinet : la dotation de ces asiles était essentiellement constituée par un prélèvement de un pour cent sur le montant des travaux publics adjugés dans la ville de Paris ou dans la banlieue.

Le gouvernement proposait, pour constituer la dotation de la Caisse d'assurances en cas d'accidents un prélèvement analogue qui aurait du fournir un produit annuel de 2.800.000. On évaluait à 270 millions environ la somme dépensée chaque année en travaux par l'Etat et les départements et à 10 millions le montant annuel des subventions accordées par l'Etat aux travaux des départements et des communes, ensemble 280 millions, dont 1 pour cent donne bien deux millions huit cent mille francs. « Cette ressource disait l'exposé des motifs, « paraît pouvoir répondre à toutes les éventualités, car, « indépendamment de ce qu'elle permettra par elle- « même de constituer les pensions de 600.000 assurés « à peu près, elle doit, par des accumulations successives « jusqu'à ce que ce chiffre de 600.000 assurés ait été « atteint, arriver à la formation d'une réserve qui aura « son importance. D'ailleurs l'accroissement progressif « du nombre des assurés, ayant pour résultat d'étendre « à toutes les professions les prévisions relatives à la plus « dangereuse, réduira inévitablement la quantité pro- « portionnelle des accidents et par conséquent dimi- « nuera dans la même mesure les dépenses de la caisse ». « (Expose des motifs. *Moniteur*, 1867, p. 1287).

§ XI. — **Système de la subvention proposé par la commission il est adopté.**

La commission du corps législatif écarta complètement ce système. Le premier reproche que l'on pouvait

adresser au projet du gouvernement était de doter la
Caisse de ressources excessives. Il était téméraire de
prévoir un chiffre de 600.000 assurés ; il était évident,
même dans l'hypothèse la plus favorable, que ce chiffre
ne pourrait être atteint qu'au bout de longues années ;
il était plus vraisemblable qu'il ne serait jamais obtenu.
En 1897, après 30 ans de fonctionnement, la Caisse ne
comptait encore que 1399 assurés, nous sommes loin
du chiffre de 600.000 escompté par le projet primitif.
La commission a donc fait preuve d'une sage prévoyance,
en repoussant comme excessives les propositions du
gouvernement. « A quoi bon, disait-elle, créer à des
« établissements, si dignes d'intérêt qu'ils soient, des
« dotations surabondantes ? Ne vaut-il pas mieux que
« les pouvoirs apprécient eux-mêmes chaque année les
« besoins d'une institution ? » (*Mon.*, 1868, p. 892).

La dotation proposée n'était pas seulement exagérée
comme chiffre, elle avait en outre une base défectueuse.
Le système du prélèvement était logique dans l'arrêté
des consuls du 27 Nivôse an IX, il l'était également dans
l'arrêté ministériel du 15 décembre 1848 ou dans le
décret du 8 mars 1855 ; le prélèvement opéré sur les
dépenses de la marine était destiné à pourvoir aux besoins
des invalides de la marine ; le prélèvement opéré sur le
montant des adjudications des travaux publics, soit de
l'Etat, soit de la ville de Paris, était affecté aux victimes
des accidents survenus soit dans les chantiers soit de
l'Etat, soit de la ville de Paris. « Il est naturel, lisons

4 B.

nous dans le rapport, de rechercher dans la cause même
« des accidents que l'on déplore les moyens de les répa-
« rer, d'associer dans une même pensée d'encouragement
« et de justice, le dédommagement et la peine, la garantie
et le danger. (*Mon.* 1868, p. 892).

Ces raisons devaient faire exclure le système proposé
par le gouvernement. La Caisse était une institution
d'intérêt général, ouverte non seulement aux ouvriers
des chantiers de travaux publics, mais à tous les travailleurs de l'agriculture et de l'industrie. Pourquoi le
service des travaux publics, aurait-il supporté seul la
charge de la dotation ? Pourquoi les compagnies de
chemins de fer, les grandes usines, dont le personnel
est admis à bénéficier des avantages de l'assurance, ne
participeraient-elles pas également à cette charge ?
Logiquement la dotation aurait du être fournie par
une contribution qui aurait frappé tous les chefs d'industrie ou d'exploitations agricoles. A défaut de cette
contribution qui n'a pas été admise, la dotation devait
être assurée en raison comme en équité, au moyen des
ressources générales du trésor public : c'est ce que proposait la commission. Une dernière considération devait
justifier la préférence donnée au système de la commission. Le système du prélèvement semblait consacrer
le droit à l'assistance ; or les pouvoirs publics ne vou-
laient pas entrer dans cette voie. « Déclarer que l'on
« doublera le produit des cotisations, déclarer que,
« quoiqu'il arrive, on élévera la pension à un minimum

« désigné d'avance, ce serait ou peu s'en faut, disait le
« rapporteur, décréter le droit à l'assistance ; on le
« subordonne, il est vrai, à la condition de l'assu-
« rance et à celle de l'accident, mais pourquoi ne
« passerait-on pas aux maladies, qui, elles aussi,
« peuvent provenir du travail, et à toutes les autres
« circonstances qui peuvent gêner l'homme labo-
« rieux. Qu'on y pourvoie généreusement, mais qu'à
« toute dette particulière corresponde un service rendu
« ou un véritable contrat ; or l'engagement du Trésor au
« delà des cotisations est un engagement sans cause ;
« la subvention au contraire qui peut produire les mêmes
« effets, est un acte tout spontané, toujours libre dans son
« essence ; pour tout résumer en deux mots, c'est une
« libéralité ce n'est point un engagement. » (*Mon.* 1868
p. 892).

La commission se montra donc unanime pour ne point
engager l'Etat, d'une manière déterminée, absolue, définitive. Il lui parut que la bienfaisance publique, comme
la charité privée, devait rester libre dans la mesure et
dans le principe de son action ; d'après elle, l'Etat ne
doit reconnaître d'autre droit que ceux que les individus
se seront constitués à eux-mêmes. Sans doute l'Etat
pourra favoriser la formation de ces droits ; il pourra
leur donner sa garantie ; s'il s'est trompé dans ses
calculs, il devra supporter les conséquences de son erreur.
Mais il sortirait de ses attributions en allant au delà,
comme il le ferait en affectant d'une manière irrévocable

une partie des ressources publiques à la satisfaction des misères individuelles.

Cette considération venait se joindre aux précédentes pour faire écarter le prélèvement obligatoire sur les adjudications de travaux publics, proposé par le gouvernement, et lui substituer une subvention annuelle au budget dont le montant devait être fixé d'après les besoins de la Caisse et des ressources du Trésor. Telle fut, en effet, la disposition consacrée par la loi du 11 juillet 1868 dans son article 6, § 2 : la dotation de la Caisse fut constituée par une subvention de l'Etat à inscrire annuellement au budget ; pour la première année cette subvention était fixée à un million.

§ XII. — Assurances individuelles, l'assurance peut-être constituée au profit d'un tiers.

Ces principes une fois posés, nous entrerons dans le détail des dispositions de la loi du 11 juillet 1868.

La loi reconnaît deux espèces d'assurances, l'assurance individuelle contractée par chaque intéressé dans son intérêt personnel et l'assurance collective, qui peut être souscrite par certaines collectivités dans l'intérêt de leurs membres. Etudions d'abord les règles spéciales à l'assurance individuelle.

Dans l'esprit des auteurs de la loi de 1868, c'est à l'ouvrier qu'il appartient de prendre l'initiative du contrat ; la proposition d'assurance doit être faite par lui. (Règlement d'administration publique du 10 août 1868, art. 20 et 21).

La loi a pour but en effet, non-seulement, d'améliorer le sort de l'ouvrier, de soulager l'infortune ou de venir en aide au malheur, mais aussi de développer chez l'ouvrier les habitudes d'épargne et l'esprit de prévoyance ; si elle dote la Caisse d'une subvention, c'est précisément pour encourager cette tendance chez l'ouvrier, en lui faisant entrevoir que les sacrifices qu'il s'impose seront largement récompensés, que la retenue effectuée sur son salaire lui sera rendue au double. L'exposé des motifs fait ressortir que « l'idée fondamentale du projet consiste à encou- « rager et à féconder la prévoyance individuelle par des « subventions » il y a là un caractère spécial, établissant une différence profonde entre le système de l'institution proposée et celui de l'arrêté du 15 décembre 1848 et du décret du 6 mars 1853, qui négligeaient de faire appel à la prévoyance individuelle. C'est l'initiative de l'ouvrier qui doit être le point de départ de l'assurance ; c'est à lui qu'il appartient de faire la proposition du contrat ; c'est à lui qu'incombe le soin d'acquitter la prime.

L'expérience ne tarda pas à démontrer que les ouvriers appelés à jouir des avantages de la loi ne s'imposaient pas volontiers les sacrifices minimes qu'elle leur demandait ; sachant que dans un grand nombre de cas d'accidents, la législation leur accordait un recours contre leur patron, ils espéraient que les tribunaux leur attribueraient des dommages-intérêts considérables et s'imaginaient que l'indemnité allouée par la Caisse les empêcherait d'obtenir ces dommages-intérêts. (Rapport de la Commission supérieure, années 1870-73 p. 11.)

Par suite de cet état d'esprit, le chiffre des assurances individuelles ne représentait qu'une proportion insignifiante. Devant l'impossibilité de triompher de l'indifférence des ouvriers, l'administration fut amenée à s'écarter des principes posés par le règlement d'administration publique du 10 août 1868. Un nouveau règlement du 13 août 1877 autorisa le patron à contracter, au profit de son ouvrier, et en général toute personne à contracter au profit d'un tiers sans le concours de ce tiers. Du moment que l'ouvrier, soit par indifférence, soit par faute de ressources, ne peut prélever sur son salaire la somme nécessaire au paiement de la prime, l'intérêt social exige qu'il soit protégé contre sa propre imprévoyance.

En principe, le patron qui contracte au profit de son ouvrier, dans les termes prévus par le décret du 13 août 1877, ne doit pas être considéré comme le gérant d'affaires de l'ouvrier; il n'aurait contre lui aucun recours, pour le remboursement de la cotisation; c'est lui personnellement qui contracte sur la tête de l'ouvrier, ainsi qu'il ressort des termes du décret du 13 août 1877. « Toute « personne qui veut contracter une assurance sur sa « tête ou sur celle d'un tiers fait une proposition. » Le patron en souscrivant une assurance sur la tête de l'ouvrier, agit dans un esprit de bienfaisance; le paiement

de la cotisation constitue de sa part une véritable
libéralité.

Il en serait autrement, lorsque, par suite d'accords
particuliers, la cotisation sera prélevée sur le salaire de
l'ouvrier : le patron dans pareil cas aurait la qualité d'un
simple mandataire.

§ XIII. — Conditions d'âge

L'article 14 de la loi détermine l'âge à partir duquel il est
possible de s'assurer ; c'est l'âge de 12 ans accomplis. Le
projet de loi fixait cet âge minimum à seize, comme
pour l'assurance en cas de décès. « Mais, dit le rapport,
« il a paru rationnel que l'assurance put profiter à tous
« ceux que le travail expose. La loi sur les manufactures
« du 22 mars 1841 admet même dans les ateliers des
« enfants de 8 ans, mais en sera-t-il toujours ainsi, et le
« salaire de cet âge permettra-t-il le prélèvement ? »
(*Mon.* 1868, p. 892).

La limite posée par la loi du 11 juillet 1868 ne s'est
pas trouvée modifiée par le fait des lois postérieures qui
ont réglementé le travail des enfants employés dans l'industrie ; la loi du 19 mai 1874, admet les enfants dans
les ateliers à partir de 12 ans, celle du 2 novembre 1892,
qui n'autorise en règle générale le travail des enfants
qu'à partir de treize ans, l'autorise par exception à partir
de douze ans, pour les enfants pourvus du certificat
d'études primaires et possédant les aptitudes physiques

suffisantes ; ces lois ne concernent pas d'ailleurs les travaux agricoles pour lesquels l'enfant peut être employé
à tout âge. On a donc pu sans inconvénients maintenir à
douze ans la limite d'âge inférieure à laquelle les assurances sont acceptées.

« Quant à la limite supérieure, ajoute le rapport, elle
« n'est fixée, que par la volonté de l'ouvrier et l'intérêt
« qu'il peut avoir à se garantir contre les risques plus
« ou moins fréquents, suivant le genre et l'activité du
« travail. »

§ XIV. — Conditions de capacité.

La loi n'établit pas de règles spéciales au sujet de la
capacité des assurés ; cette capacité sera donc régie par
les règles du droit commun. Le mineur ne sera donc
admis à contracter l'assurance que par l'intermédiaire de
son représentant légal, et la femme mariée qu'avec l'autorisation de son mari, sauf si le mineur est émancipé
ou la femme séparée de biens ; une telle assurance rentre
évidemment dans la catégorie des actes de simple administration.

Néanmoins, ces solutions ne sont applicables que lorsque le contrat est souscrit par l'intéressé lui-même ; il en
est autrement lorsque le contrat est souscrit par un tiers,
par exemple, par le patron dans l'intérêt d'un des
ouvriers, en vertu de la faculté qui lui est offerte par le
décret du 13 août 1877 ; le patron pourra faire assurer

son ouvrier mineur, son ouvrière femme mariée, sans le concours du représentant légal et du mari ; il agit en effet en vertu d'une faculté légale qui n'est soumise à aucune restriction. Mais si le patron entendait prélever sur le salaire le montant de la cotisation, ce prélèvement doit être autorisé par le représentant légal ou le mari. Le patron ne serait plus en effet que le mandataire de l'ouvrier : or un incapable ne peut conférer un mandat.

§ XV. — Caractère annuel de l'assurance.

Aux termes de l'art. 8, les assurances ont lieu par année. La nécessité d'une aussi courte période n'apparaît pas bien nettement dans les travaux préparatoires. « Nous ne nous trouvons plus, dit le rapport, en pré-« sence d'une certitude plus ou moins rapprochée (telle « que l'assurance en cas de décès) ; le fait est incertain « comme la date ; il dépend de circonstances variables et « l'assurance pour répondre à ce genre de prévisions « doit avoir une courte durée ; elle se renouvellera tous les ans. » L'expérience des compagnies d'assurances privées ne permet pas de considérer ce motif comme exact ; ces compagnies acceptent très bien des contrats pour une période assez longue, cinq ans, dix ans par exemple. L'annualité de l'assurance n'est donc pas imposée par la nature du contrat. On peut penser que la loi n'a pas voulu imposer à l'assuré un contrat de longue durée, qui pourrait cesser de répondre à ses convenances ni à la Caisse un engagement à long terme, que l'incertitude des bases du tarif risquait de rendre onéreux.

La période annuelle de l'assurance doit être calculée à partir du 1er janvier de chaque année; c'est la signification manifeste qui résulte des termes de la loi à savoir que les assurances ont lieu « par année » et non pour une durée d'un an. L'assurance n'aura donc son effet qu'à partir du 1er janvier qui suit le jour où elle aura été contractée. Cette disposition a pour objet de simplifier la comptabilité de la Caisse.

§ XVI. — **Paiement des cotisations**.

L'assurance étant annuelle comporte une prime unique qui s'élève ainsi que nous l'avons expliqué plus haut, à huit francs, cinq francs ou trois francs, au choix de l'assuré, et payable d'avance en une seule fois (art. 2 et 20 du décret du 10 août 1868.)

Au cours de la discussion, il avait été demandé que des versements pussent être faits partiellement à différentes époques de l'année. On faisait observer qu'il devait en être de l'institution nouvelle comme des Caisses d'épargne, qui acceptent la plus modique somme, la somme de un franc. Le gouvernement répondit que ce point serait réglé par décret, mais qu'il entrait dans sa pensée de donner toutes les facilités possibles pour que les versements pussent être faits sur les moindres économies du

travail. Il fut donc admis que les versements de 3, 5 et 8
francs pourraient être faits par fractions successives.
Nous avons vu que le décret du 10 août 1868 n'a pas
tenu compte de cette promesse, le fractionnement de la
la cotisation aurait entraîné des complications de toute
nature, complications de comptabilité, complications
résultant du non paiement des fractions ultérieures de
la prime ; il était plus raisonnable de prévenir ces complications en décidant que le paiement des cotisations
aurait lieu en une fois.

Les cotisations pourront-elles être restituées, si, pour
une cause quelconque, le contrat devient sans objet,
par exemple, si l'assuré décède ou vient à abandonner sa
profession ? La loi ni les règlements d'administration
publique ne contiennent à cet égard aucune disposition
particulière.

La question à notre avis, doit se résoudre par une distinction. Si le décès survient, ou l'abandon de la profession se produit avant le jour où l'assurance aura com-
mencé à produire son effet, la cotisation sera restituable ;
dans ce cas le risque n'ayant jamais existé, la Caisse ne
saurait conserver entre ses mains le montant de la cotisation qui constituerait un paiement sans cause. La
situation est différente, lorsque l'évènement se produit
en cours d'assurance ; on ne peut dire alors que la Caisse
détient sans cause le montant de la cotisation, puisqu'il
y a eu un risque couru. Nous n'admettrions même pas
que la prime fut sujette à restitution, pour la fraction

de temps correspondant à la période écoulée depuis le jour du décès ou le jour d'abandon de profession jusqu'à l'expiration de l'année; le paiement de la prime étant indivisible, on ne conçoit pas que la restitution puisse en être fractionnée.

§ XVII. — Insaisissabilité et incessibilité des indemnités

Les rentes viagères concédées en cas d'accidents, sont incessibles et insaisissables. (Loi de 1868 art. 13). Elles le sont pour la totalité à la différence des pensions de la Caisse des retraites et des indemnités payées par la Caisse d'assurances en cas de décès, qui ne sont incessibles et insaisissables que partiellement.

Les rentes viagères servies en cas d'accidents, ont, en effet, un carractère plus alimentaire que les pensions de retraite et les indemnités d'assurances en cas de décès; elles sont attribuées à des personnes dont la situation est particulièrement digne d'intérêt; l'accident a pour conséquence inévitable la misère, tandis que les pensionnaires de la Caisse des retraites et les bénéficiaires des indemnités d'assurances en cas de décès, se trouveront parfois dans une situation aisée.

En outre le taux des rentes viagères en cas d'accidents, sera toujours minime et généralement inférieur à la fraction incessible et insaisissable des pensions de retraite. (360 fr. par an). Il convenait donc pour ces divers motifs, de déclarer les rentes viagères en cas d'accidents incessibles et insaisissables en totalité.

Les mêmes motifs auraient dû nécessiter la même solution pour les secours alloués, en cas de mort par accident, aux veuves et orphelins mineurs, ou au père et mère sexagénaire. Cependant l'art. 13 de la loi de 1868, qui déclare les rentes viagères incessibles et insaisissables, ne fait pas mention des secours. Malgré cette omission, nous devons considérer ces secours comme incessibles et insaisissables.

§ XVIII. — **Attribution des rentes viagères**

Le droit à la pension s'ouvre en la personne de l'assuré. Il en sera ainsi même lorsque l'assurance sera souscrite sur la tête d'un tiers dans les termes du décret du 13 Août 1877, puisque, d'après ces mêmes termes, le contrat est fait (au profit du tiers) (1).

En matière d'assurances privées, la jurisprudence admet (2) que lorsqu'un patron contracte avec une compagnie d'assurances en vue des accidents dont ses

(1) Art. 20 modifié : « La proposition est signée par l'assuré ou par la personne qui contracte au profit de celui-ci ».

(2) Cette jurisprudence est toujours applicable en dehors du cercle d'action de la loi du 9 avril 1898 ; or, c'est précisément en dehors de ce cercle que les assurances souscrites en exécution de la loi du 11 juillet 1868, conservent encore leur utilité ; la question de savoir si cette jurisprudence doit être étendue aux assurances de la Caisse présente donc toujours un intérêt égal. La même observation serait à faire chaque fois que nous aurons à discuter, au cours de ce chapitre, la jurisprudence en matière d'assurance contre les accidents.

ouvriers peuvent être victimes, sans d'ailleurs opérer ucune retenue sur leur salaire et sans porter cette assurance à leur connaissance par un règlement d'atelier, il ne se forme aucun lien de droit entre les ouvriers et le patron ou l'assureur, et l'ouvrier blessé ne peut réaliser le bénéfice d'un contrat, auquel il est demeuré complètement étranger, quand même en fait il l'aurait connu. Cass, 9 Janv. 1899. S .1899. 1. 344 — Cass, 15 Mai 1899. Le Droit, 27 Juillet 1899 — Douai, 24 Décembre 1899 — Sirey, 1891. 2. 113. — Grenoble, 7 Avril 1892. S. 1897. 2. 153. — Contra Nimes, 2 Juillet 1895. S. 1897. 2. 153 — Douai, 11 Juillet 1895. S. 1898. 2. 257.

L'application de cette jurisprudence aux assurances souscrites à la Caisse Nationale d'assurances contre les accidents, nous paraît écartée par les termes du décret du 13 Aout 1877, comme par son esprit. Cet esprit ne nous semble pas permettre que, l'assurance une fois contractée, le patron puisse à son gré en accorder ou en retirer le bénéfice à l'ouvrier; le but philanthropique poursuivi par le décret serait complètement méconnu. C'est « au profit » de l'ouvrier que l'assurance est contractée; c'est donc lui qui est investi du bénéfice de l'assurance. Le patron, en souscrivant l'assurance, a fait une stipulation pour autrui, qui donne au tiers une action directe contre le promettant. Il suit de là, que l'assurance crée entre l'ouvrier et la Caisse un lien de droit, qui autorise l'ouvrier à agir directement contre la Caisse. Mais la stipulation pour autrui ne donne au tiers aucune action contre le stipulant; nous n'admettrions donc pas que l'ouvrier ait action contre le patron pour lui réclamer l'exécution du contrat d'assurance, l'ouvrier n'a d'action que contre la Caisse.

Il faut remarquer qu'en stipulant pour l'ouvrier le patron stipule subsidiairement pour lui-même ; car ainsi, que nous le verrons plus tard, l'assurance a été considérée comme un moyen par le patron d'atténuer sa responsabilité ; par conséquent si le patron, reconnu responsable de l'accident, a été obliger d'indemniser complètement l'ouvrier (1), il pourra agir contre la Caisse, non pas comme subrogé au droit de celui-ci, (nous ne pouvons trouver ici les éléments d'une subrogation quelconque) (2). mais en vertu de la stipulation contenue à son profit dans le contrat d'assurance ; nous verrons plus loin à quelle règle est soumis le recours du patron contre la Caisse.

La jurisprudence admet au contraire que, si le patron exerce une retenue sur le salaire, ou porte l'assurance à

(1) Lorsqu'un ouvrier, victime d'un accident, actionne son patron en dommages-intérêts et fait la preuve de la faute du patron, les juges sont tenus d'allouer à la victime une indemnité représentant la totalité du préjudice, sans avoir à se préoccuper des stipulations du contrat d'assurance. Montpellier 31 décembre 1894. Sirey 1897, 2, 169. Limoges, 10 mai 1897, S. 1898, 2, 264.

(2) Le patron est tenu à l'égard de l'ouvrier en vertu d'un quasi délit, la Caisse en vertu d'un contrat. Ces deux obligations sont complètement distinctes. Il suit de là qu'en payant l'ouvrier, le patron ne paie que sa propre dette, il ne paie pas une dette dont il serait tenu avec la caisse ou pour la caisse dans les conditions de l'art. 1251. n° 3. C. C., il n'y a pas, dès lors, de subrogation possible.

la connaissance de l'ouvrier par un règlement d'atelier, l'ouvrier peut réclamer l'indemnité stipulée soit au patron, soit à la compagnie. Rouen, 25 janvier 1892, Sirey 294, 2,141. Paris, 22 juillet 1897. S. 1898, 2, 257, 17 novembre 1897. Dalloz, 1898, 2,246. D'après cette jurisprudence l'action donnée à l'ouvrier contre le patron est fondée sur ce que le patron est alors personnellement tenu de procurer à l'ouvrier le bénéfice de l'assurance ; il doit donc exécuter le contrat, si pour une cause quelconque, déchéance encourue, insolvabilité de la compagnie, cette dernière ne paie pas l'indemnité. Ces motifs ne s'appliquent pas aux contrats passés avec la Caisse nationale qui ne comportent ni déchéance, ni risques d'insolvabilité chez l'assureur. Il semble donc plus naturel de décider que l'ouvrier, réclamant le bénéfice du contrat d'assurance, sera tenu de se conformer aux conditions de ce contrat et ne pourra en réclamer l'exécution qu'à la Caisse.

Les lois du 18 juin 1850 et du 20 juillet 1886, ont établi pour les versements faits à la Caisse des retraites des règles spéciales ; c'est ainsi que ces lois déclarent que le versement fait pendant le mariage par l'un des deux conjoints profite séparément à chacun d'eux par moitié. Les pensions étant servies aux assurés de la Caisse d'assurances en cas d'accidents par l'intermédiaire de la Caisse des retraites, on pourrait se demander si cette législation ne serait pas applicable aux versements faits par la Caisse d'assurances en cas d'accidents au profit de ses assurés conformément à l'art. 11 de la loi du 11 juillet 1868, par exemple si, en cas d'accident survenu pendant le mariage, la pension ne profiterait pas par moitié à chacun des conjoints.

Nous n'hésiterons pas a écarter ce système, qui nous paraît contraire à l'esprit comme au texte de la loi. Les transports, faits obligatoirement par la Caisse d'assurances en cas d'accidents à la Caisse des retraites, ne peuvent être assimilées aux versements volontaires faits par les déposants ; les dispositions des lois précitées qui régissent ces versements contiennent des dérogations considérables au droit commun ; elles sont de droit étroit et doivent être interprétées restrictivement, il ne peut être permis de les étendre par voie d'analogie. L'esprit de la loi s'oppose également à une pareille extension. Les pensions servies par la Caisse des retraites ne représentent que la somme des épargnes accumulées pendant de longues années par les époux ; chacun des conjoints, par son travail ou par son économie, a contribué à la réalisation de ces épargnes ; chacun d'eux, arrivé à la vieillesse, aura les mêmes besoins ; il est donc juste que les versements et, par suite les pensions de retraite, leur profitent à chacun par moitié. Toute autre est la nature de la pension servie en cas d'accidents ; cette pension pour une moitié est le produit de la subvention de l'Etat ; pour l'autre moitié elle est le produit d'une cotisation unique représentant une épargne insignifiante ; souvent même la cotisation aura été acquittée par un tiers, par le patron ; le conjoint ne contribue donc pas d'une

manière appréciable à la constituer, enfin les souffrances
et les besoins qui sont la conséquence de l'accident atteignent d'une façon bien plus directe la victime de l'accident que le conjoint. A tous ces points de vue la pension
due en cas d'accidents, offre un caractère essentiellement
personnel qui n'appartient pas à la pension de retraite.
Nous n'avons donc pas à combiner les dispositions des
lois du 18 juin 1850 et du 20 juillet 1886 avec celles de
la loi du 11 juillet 1868 ; cette dernière loi se suffit à
elle-même et nous devons nous en tenir aux règles qu'elle
pose.

Le droit à la pension est donc attaché d'une manière
inséparable à la personne de l'assuré ; c'est ce qui résulte
au surplus de l'art. 13, aux termes duquel, les rentes viagères, constituées en faveur des victimes d'accidents,
sont incessibles et insaisissables. Le bénéfice ne peut,
dès lors, en être partagé ni transmis. Les pensions de
cette nature ne tomberont dans la communauté ni pour le
capital ni pour les arérages ; il est de principe que les
droits incessibles, notamment les pensions dues par
l'Etat, restent propres aux époux. (Cass. 3 février 1830.
Dalloz, Rep^re V. Contrat de mariage, n° 616. Laurent, t. xxi,
n° 279.) Peu importe donc que l'assurance ait été contractée avant ou pendant le mariage, que l'accident qui
crée le droit à la pension soit survenu au cours de la
communauté ou postérieurement à sa dissolution. Ce
droit à la pension naît en la personne de l'assuré, qui
en conserve le bénéfice exclusif.

Mais si le conjoint qui a contracté l'assurance, conserve en propre le bénéfice de la pension, il devra cependant récompense à la communauté du montant de la prime, si cette prime a été acquittée des deniers communs. Mais cette récompense ne pourra jamais être que du montant d'une seule prime, l'assurance étant annuelle. Les primes payées pour les contrats antérieurs ne motiveront aucune récompense au profit de la communauté, ces contrats étant complètement distincts du contrat qui a donné lieu à la pension. Sans doute ils ont été souscrits dans l'intérêt personnel du conjoint, mais comme il n'en a retiré aucun bénéfice, il ne devra pas indemniser la communauté. En fait l'indemnité se réduira donc à une somme insignifiante puisque le maximum de la cotisation annuelle est fixée à huit francs.

La loi du 11 juillet 1868 ne contient pas de dérogation aux règles de l'autorité maritale ; la femme ne pourra donc toucher les arrérages de la pension qui lui serait propre sans l'autorisation du mari ; ce dernier, même comme administrateur des biens propres de sa femme, pourra toucher seul, sauf à la femme à provoquer la séparation de biens si les arrérages étaient dissipés par le mari.

La loi n'apporte pas non plus de restriction aux pouvoirs du père, administrateur légal ou du tuteur, c'est au père ou au tuteur, qu'il appartiendra, conformément au droit commun, de toucher les arrérages de la pension attribuée au mineur.

§ XIX — **Attribution des secours.**

Le droit au secours ne fait pas partie de la succession de l'assuré : c'est un droit personnel qui naît en la personne des membres de la famille appelés à bénéficier du contrat. Les travaux préparatoires ne laissent aucun doute sur ce point. Le commissaire du gouvernement fit observer, au cours de la discussion que « le secours ne pouvait « être considéré comme un droit d'hérédite ; » qu'il s'agissait d'un « secours spécial et particulier, qui est « transmis en dehors des indications fournies par la loi « civile. »

Le droit au secours n'ayant jamais fait partie du patrimoine de l'assuré n'a pu faire de sa part l'objet d'aucune disposition. Ce droit étant propre au bénéficiaire du secours, la veuve aura droit au secours alors même qu'elle renoncerait à la communauté ; les enfants ou les père et mère y auront droit également, alors même qu'ils renonceraient à la succession.

Le secours n'est attribué qu'aux enfants mineurs. Si parmi les enfants les uns sont majeurs, les autres mineurs, ces derniers auront droit à l'intégralité du secours. Il ne s'agit pas en effet d'un droit héréditaire, auquel chaque enfant aurait succédé pour sa part et portion, mais d'un droit personnel, dont les enfants mineurs sont investis indépendamment de leur quote part dans la succession et dont ils sont investis sans limitation de part.

Le secours est payable en deux annuités, si dans l'intervalle l'un des enfants mineurs atteint sa majorité, il perdra son droit au secours mais les autres enfants mineurs, en vertu des mêmes principes, bénéficieront de l'intégralité du secours par droit d'accroissement.

Dans le silence de la loi nous n'admettrons pas qu'un petit enfant en état de minorité, puisse avoir droit au secours en représentation d'un enfant décédé ; la représentation n'existe qu'en matière de succession ; or nous ne nous trouvons pas en présence d'un droit de succession mais d'une attribution légale qui ne peut être étendue à d'autres personnes que celles désignées par la loi.

Les enfants naturels participent-ils aux secours ? L'affirmative ne serait pas douteuse, si le droit au secours faisait partie de la succession, puisque les enfants naturels prennent part à la succession. La question devient plus délicate, du moment que le droit au secours constitue un droit personnel.

Au cours de la discussion ouverte à ce sujet sur l'art. 1er, § 2 de la loi, le rapporteur fit observer qu'un secours n'est pas la conséquence directe et forcée du contrat ; que c'est une faveur de la loi et que la commission n'avait voulu dans ce cas là reconnaître d'autres liens que ceux qui étaient reconnus par la morale. A une autre séance, il exprime encore l'opinion que les enfants naturels ne devaient pas participer au bénéfice des secours. Renvoyée en cet état à la discussion de l'art. 12 qui s'occupe des secours dont il s'agit, la question y a reçu une solution contraire à cette opinion. Sur cet article un amendement avait été proposé pour faire admettre les enfants naturels à bénéficier des secours au même titre que les enfants légitimes. Mais le gouvernement déclara que, dans sa pensée, le mot « enfants », contenu dans l'art. 12, s'appliquait aux enfants naturels comme aux enfants légitimes, la commission s'associa à cette déclaration. A la suite de ces observations l'amendement fut retiré.

Nous ne devons pas hésiter à interpréter de la façon la plus large les termes de l'art. 12 et à reconnaître le droit des enfants naturels.

La quotité de ce droit sera la même que celle des enfants légitimes ; ce droit ne constituant pas un droit de succession, il ne peut être question de le soumettre aux restrictions du Code civil. Si l'assuré décédé à la suite d'un accident est célibataire ou veuf sans enfants, le droit au secours appartient à son père ou à sa mère sexagénaire; cette disposition de l'art. 1, § 2 qui ne mentionnait comme ayant droit au secours que la veuve et les enfants mineurs.

Le secours n'est pas accordé conjointement aux deux époux ; la mère n'a droit au secours qu'à défaut du père, c'est-à-dire si celui-ci est décédé ou absent.

A la différence de la loi du 6 avril 1898, la loi du 11 juillet 1868 n'exige pas que le père où la mère soit à la charge de la victime ; la seule condition imposée est d'avoir atteint l'âge de 60 ans accomplis. Nous pensons que cet âge devra être atteint dès le jour de l'accident car c'est à ce moment que s'ouvre le droit au secours.

§ XX. — **Cumul du bénéfice de l'assurance de la Caisse avec celui de l'action en responsabilité contre l'auteur de l'accident.**

La loi ne tranche pas une question qui a soulevé dans le domaine des assurances privées de graves controverses, celui du cumul de l'indemnité d'assurance avec le bénéfice de l'action en responsabilité contre l'auteur de l'accident.

Dans un premier système on fait observer que si l'action en paiement du capital de l'assurance et l'action en responsabilités sont nées à l'occasion du même fait ; l'accident ; elles proviennent de deux origines distinctes ; l'une a pour base le contrat d'assurance, la précaution que l'assuré a prise de se faire garantir, moyennant un sacrifice personnel, qu'il s'est imposé chaque année sous forme de primes, une indemnité, pour le cas où il serait victime d'un accident imputable, soit à lui-même, soit à un tiers. L'autre action dérive du droit commun, en vertu duquel l'auteur responsable d'un dommage est tenu de le réparer. En réalité le capital de l'assurance ne représente pas une indemnité, expression amphibologique, par laquelle on désigne le capital dû par tout assureur ; de même qu'en matière d'assurances sur la vie, le capital représente les primes payées, les chances

cour:les et non le montant du préjudice souffert ; l'assurance constitue un contrat de capitalisation, c'est-à-dire
un contrat qui, en combinant des primes périodiques et
des chances, aboutit à la création d'un capital ; ce capital
est le fruit des épargnes de l'ouvrier, la représentation
des économies faites sur son salaire. Il faut donc admettre
que, si l'ouvrier blessé a le droit de demander une indemnité à son patron à qui une faute est imputable, il aura
droit à cette indemnité entière, sans confusion avec le
capital qu'il aurait touché de l'indemnité d'assurance.
N'est-il pas équitable que l'acte onéreux de prudence et
d'épargne accompli par l'ouvrier ne serve pas à exonérer
le patron d'une partie des conséquences inhérentes à sa
faute. Pandectes françaises. V. *Assurances contre les
accidents,* n° 149 et s. et 314 et s.

Dans un second système au contraire, la somme
promise par la compagnie d'assurances doit être considérée comme une indemnité. Une indemnité ne perd pas
son caractère de réparation par cela seul que son montant est fixé à forfait et rendu à priori invariable ; la
différence établie suivant la gravité des infirmités est
proportionnelle, d'une manière imparfaite sans doute,
mais enfin proportionnelle avec la gravité du dommage
probable. La somme exigée du patron coupable d'une
faute ayant également et d'une manière incontestée le
caractère d'indemnité, il faut en conclure que deux
indemnités dues pour le même dommage ne se cumulent
pas. (Art. 359, C. Com). Répertoire général de dr. fr.
Assurances contre les accidents, n° 101 et s.

Dans une troisième opinion, qui paraît plus vraisemblable, la solution dépend avant tout de l'intention des parties, lesquelles peuvent avoir entendu, en contractant l'assurance, faire, soit un contrat de capitalisation, soit un contrat d'indemnité. On peut concevoir qu'un ouvrier stipule ou, pour mieux dire, achète par des primes pour lui, sa veuve ou ses enfants, d'une compagnie la prestation d'une somme, dans le cas de perte d'un membre ou de la vie, sans avoir à imputer cette somme sur une indemnité à laquelle il aurait droit d'ailleurs. Mais le plus souvent l'assurance aura été négociée et souscrite spontanément par le patron. N'est-il pas à croire qu'il n'ait pas eu la pensée que toute somme, qu'il faisait ainsi obtenir à un de ses ouvriers blessés, diminuerait les dommages intérêts auxquels l'ouvrier blessé pourrait avoir droit contre lui. En pareil cas l'ouvrier n'aura droit en tout, qu'à une indemnité égale au montant du préjudice souffert. V. L'abbé. *Note sous Caen*, 18 février, 1885. Sirey 1888, 2, 121. V. aussi *Note sous Nîmes*, 10 avril 1897, S. 1897, 2, 301.

La jurisprudence s'est prononcée contre le cumul des deux indemnités, mais les arrêts ne nous indiquent pas si cette solution doit être regardée comme une conséquence de la nature du contrat ou comme le résultat de l'intention des parties ; en fait ces décisions sont toujours intervenues dans des espèces où l'assurance avait été contractée par les soins du patron et où par conséquent il y avait lieu de présumer que l'indemnité d'assurance

était destinée à atténuer les dommages intérêts dus par
le patron. Cass. 18 fév. 1885, 30 juillet 1886 — Sirey,
1888, 2, 121. — Lyon, 3 févr. 1897. — Nîmes, 10 avril
1897, S, 97, 2, 301. — Limoges, 10 mai 1897. S, 98, 2,
264. — Bordeaux, 22 mars 1899.

Du principe que les deux indemnités ne doivent pas
être cumulées la jurisprudence déduit les deux conséquences suivantes : 1° lorsque l'ouvrier, victime d'un accident professionnel, a fait condamner le patron comme
responsable de l'accident à une indemnité, représentant
la totalité du préjudice souffert, il n'a plus aucun droit à
exercer du chef du contrat d'assurance contre les risques
professionnels que le patron avait conclus au nom de
ses ouvriers ; c'est le patron qui recevra de la compagnie
le montant du capital de l'Assurance, en déduction de
l'indemnité qu'il aura été personnellement obligé de
payer. 2° A l'inverse, si la victime de l'accident a reçu
de la compagnie d'assurances le montant de l'indemnité
stipulé par le contrat d'assurance conclu par le patron
au nom de son ouvrier, elle ne peut s'adresser au patron
comme responsable de l'accident que dans la mesure où
elle n'a pas été indemnisée par l'assurance.

Remarquons, que pour que l'exercice par la victime
de l'accident d'une des actions qui lui appartiennent,
soit l'action en responsabilité, soit l'action du contrat
d'assurance, puisse la rendre non recevable à intenter
l'autre action, il faut qu'elle ait été totalement indemnisée.

La question peut sembler particulièrement délicate lorsque l'accident a été causé par la faute d'un tiers. Sans doute il arrivera bien rarement que l'accident professionnel engage d'autres responsabilités que celle du patron ou de personnes dont le patron est responsable ; cependant le cas peut se présenter : que décider ? Il paraît difficile d'admettre que la prévoyance de l'ouvrier ou celle du patron ait eu pour conséquence d'exonérer la responsabilité de ce tiers ou qu'à l'inverse le paiement, fait par ce tiers, permette à la compagnie de réaliser un bénéfice sans cause ? Nous serions donc disposés à admettre le cumul des indemnités. Mais la jurisprudence semble contraire à cette solution ; il a été jugé que l'assureur sur la vie, qui a payé aux ayants droit d'un assuré victime d'un accident, le montant de la police, a une action contre l'auteur de l'accident, action fondée sur le préjudice direct et déterminé qu'il a subi et sur les dispositions de l'art. 1382. C.C. — Solution évidemment applicable en cas d'assurances contre les accidents. (Trib. civ. Seine, 13 juin 1899. *Gaz. des trib.*, 15 août 1899.) Cette jurisprudence suppose que l'indemnité payée par l'auteur de l'accident exonérerait l'assureur.

Les mêmes solutions devront être données pour les assurances de la Caisse nationale. La question du cumul de l'action en paiement de l'indemnité d'assurance avec l'action en dommages-intérêts se trouve posée dans les travaux préparatoires. Nous lisons dans l'Exposé des motifs. « Soit que les travailleurs eux-mêmes se grou-

« pent pour contracter à leurs frais l'assurance qui leur
« est offerte par l'Etat, soit que les établissements, com-
« pagnies ou sociétés industrielles veuillent payer eux-
« mêmes les cotisations nécessaires, la loi qui vous est
« soumise est appelée à rendre un grand service au tra-
« vail national. Les grandes entreprises trouveront même,
« dans cette seconde hypothèse un allègement aux respon-
« sabilités qu'elles encourent, lorsque les accidents qui
« se produisent peuvent leur être imputés. (*Mon.*, 67,
« p. 1287 et dans le rapport Beauverger.) Les assurances
« contractées au nom des pompiers et des ouvriers ne sau-
« raient avoir pour effet de détruire la responsabilité
« civile des communes et des chefs d'industrie, mais
« elles en atténueront les conséquences pécuniaires, et
« seront sous ce rapport une sécurité, aussi bien pour les
« personnes responsables que pour les personnes garan-
« ties. (*Mon.*, 68, p. 892). Cette théorie fut vivement com-
battue devant le corps législatif par M. Jules Favre,
comme étant la négation du principe de la justice. « En
« effet, disait-il, la responsabilité ne peut se fonder
« d'après notre loi que sur la faute légalement et juridi-
« quement constatée. Quand cette constatation a eu lieu,
« elle doit produire toutes ses conséquences, et ce n'est
« pas dans l'existence d'une institution collatérale, dont
« le but est tout différent qu'on peut aller puiser une
« sorte d'immunité pour celui qui a commis une faute,
« dont la responsabilité se trouverait ainsi allégée. Il est
« nécessaire à cet égard qu'il soit bien entendu que la

« loi que vous votez n'a rien de contraire à l'application
« au droit commun, qui conserve toute sa force. » (Discussion 28 mai 1868, p. 754.)

Nous résoudrons ces contradictions suivant les distinc-
tions que nous avons indiquées plus haut et dont le
principe se trouve énoncé dans le paragraphe précité de
l'exposé des motifs.

Lorsque l'assurance aura été contractée par le patron,
l'indemnité d'assurance devra être imputée sur les dommages-intérêts dus en vertu de l'art. 1382, l'intention bien
évidente des parties contractantes ayant été de dimi-
minuer les dommages-intérêts dus par le patron.

Si le patron a été obligé d'indemniser complètement
l'ouvrier par le paiement d'un capital, il pourra se faire
verser par la caisse le montant du capital même de l'assurance. Nous estimons en effet que la Caisse sera obligée
de verser entre les mains du patron le capital même de
l'indemnité, et non les arrérages de la rente viagère qui
aurait été servie à l'ouvrier si ce dernier avait voulu bénéficier de l'assurance. Sans doute cette solution a l'inconvénient de ne pas tenir compte du caractère d'institution de prévoyance qui appartient à la Caisse ; si aux
termes de la loi, la caisse au lieu de verser immédiatement entre les mains de l'ouvrier le capital de l'assurance, convertit ce capital en une rente viagère incessible
et insaisissable, c'est pour éviter que l'ouvrier ne soit
tenté de dissiper promptement ce capital et ne se trouve
plus tard réduit à une misère complète ; mais il est

bien évident que ce résultat ne peut être empêché, si l'ouvrier se fait indemniser complètement par le patron au moyen du paiement d'un capital ; s'il plaît à l'ouvrier de renoncer à réclamer l'exécution du contrat d'assurance pour s'en tenir à son action en responsabilité contre le patron, les dispositions de la loi concernant la conversion du capital de l'assurance en rente viagère, l'incessibilité et l'insaisissabilité de cette rente n'ont plus de raison d'être ; ces dispositions ont été édictées dans l'intérêt de l'ouvrier et non dans l'intérêt du patron. Le patron, qui a qualité pour réclamer dans son intérêt personnel l'exécution du contrat d'assurance souscrit par lui au profit de l'ouvrier, mais en vue d'atténuer sa responsabilité personnelle, ne peut, s'il a été contraint de payer un capital, réclamer de la Caisse ni recevoir d'elle autre chose que le paiement d'un capital.

Nous avons supposé dans ce qui précède que le patron avait été obligé de payer un capital; s'il n'est tenu qu'au service d'une rente viagère, il est évident qu'il lui suffira de répéter chaque année, contre la Caisse des retraites jusqu'à concurrence de la rente servie par cette Caisse. le montant des arriérages qu'elle aura payés. Ce mode de procéder qui donne satisfaction aux intérêts du patron, permet aussi de sauvegarder les intérêts de l'ouvrier ; ce dernier, en cas d'insolvabilité du patron, touchera directement la pension servie par la Caisse.

Lorsque au contraire, l'assurance a été souscrite par l'ouvrier, en dehors de toute participation du patron, rien n'empêche de considérer l'assurance comme un simple contrat de capitalisation, dont l'ouvrier pourra cumuler le bénéfice avec celui de l'action en responsabilité.

Si l'accident a été causé par la faute d'un tiers, on devra décider, si l'on se détermine d'après les solutions de la jurisprudence (1), d'une part, que si l'ouvrier a obtenu du tiers, auteur de l'accident, réparation totale du préjudice, il ne pourra exercer d'action contre la Caisse; d'autre part, que si la Caisse est obligée de payer l'indemnité d'assurance, elle pourra exercer un recours contre l'auteur de l'accident. Ce recours aura pour objet le remboursement du capital que la Caisse d'assurances en cas d'accidents aura été obligé de verser à la Caisse des retraites pour constituer le capital nécessaire au service de la rente viagère due à l'assuré.

§XXI. — Assurance collective. Quelles sont les collectivités admises à l'assurance collective.

A côté de l'assurance individuelle, la loi du 11 juillet 1868, organise dans son art. 15 l'assurance collective en cas d'accidents. L'assurance collective n'exige point, comme point de départ, l'initiative de l'intéressé généralement paresseuse et lente dans sa manifestation; elle a un ressort autrement puissant que la prévoyance de l'ouvrier; c'est l'intérêt personnel du patron.

Le patron fera assurer son personnel, non-seulement dans un but philanthropique, mais aussi dans son intérêt propre, pour atténuer la responsabilité qui pourrait lui incomber en cas d'accident. Il pourra imposer l'assurance à ses ouvriers en retenant la cotisation sur le montant de leur salaire ; généralement il contribuera de ses deniers au paiement de cette cotisation ; souvent même il l'acquittera intégralement, sans imposer à l'ouvrier une participation quelconque et par suite sans avoir besoin de son consentement. L'assurance pourra donc embrasser tous les ouvriers d'une exploitation industrielle, d'une compagnie de chemins de fer, d'une administration publique ; elle pourra s'étendre par conséquent à toutes les catégories de travailleurs.

Déjà, ainsi que nous l'avons exposé au début de ce chapitre, l'initiative des patrons dans cet ordre d'idées, s'était manifestée par des fondations ayant pour objet d'assurer des soins médicaux et des allocations en argent aux ouvriers victimes d'accident. L'esprit de la loi n'est pas de substituer l'État aux particuliers dans cette œuvre de prévoyance et de bienfaisance, mais au contraire de faciliter la constitution des Caisses de secours dans toutes les entreprises, en épargnant au chef d'industrie les frais et la responsabilité de la gestion, et, en encourageant leur libéralité par le concours d'une subvention importante.

L'art. 15 de la loi admet au bénéfice de l'assurance collective, les administrations publiques, les établissements industriels, les compagnies de chemin de fer ; il ne mentionne pas les exploitations agricoles. L'esprit de la loi est sans aucun doute, d'autoriser les assurances collec-

tives au profit de tous les groupements composés d'ouvriers, qui, individuellement seraient aptes à consacrer
l'assurance pour leur compte personnel, c'est-à-dire ceux
qui se livrent aux travaux de l'agriculture aussi bien que
ceux qui se livrent aux travaux de l'industrie. L'énumération de l'art. 15 ne nous parait pas limitative et nous
n'hésiterons pas à y joindre les exploitations agricoles.

Le projet de loi ne mentionnait dans l'art. 15 que les
administrations publiques, les établissements industriels
et les compagnies de chemins de fer ; la commission du
corps législatif a ajouté à cette énumération les sociétés
de secours mutuels et les compagnies de sapeurs-pompiers.

Les sociétés de secours mutuels étaient alors régies par
le décret du 25 mars 1852 ; elles avaient pour but d'après
l'art, 7 de ce décret (reproduisant l'art. 2 de la loi du 15
juillet 1850), d'assurer des secours temporaires aux sociétaires malades, blessés ou infirmes, et de pourvoir à leurs
frais funéraires. Elles remplissaient donc déjà, dans une
certaine mesure, le rôle des Caisses d'assurances en cas
d'accidents, avec cette différence importante que, d'une
part, même en cas d'incapacité absolue de travail, elles
ne pouvaient allouer que des secours temporaires et presque toujours de courte durée, et que, d'autre part ces

(1) Il est même à noter que depuis la loi du 9 avril 1898, les exploitations agricoles ainsi que certaines sociétés de secours mutuels sont
seules aptes à contracter l'assurance collective dans les conditions
prévues par la loi du 11 juillet 1868, les administrations publiques
et, les compagnies de chemin de fer et les établissements industriels
se trouvant soumis à la nouvelle législation sur les accidents. Quant
aux compagnies de sapeurs-pompiers, elles ont été soumises par le
décret du 12 juillet 1899 à une législation spéciale. (V. page 17, note 1).

6 B.

secours temporaires étaient alloués en dehors des cas
d'accidents professionnels, aux sociétaires malades ou
infirmes. En donnant aux sociétés de secours mutuels,
le moyen de garantir à leurs membres, par la voie de
l'assurance collective, une rente viagère en cas d'accident entraînant une incapacité permanente de travail ; on
ne faisait qu'élargir le rôle de ces institutions ; on ne les
faisait pas dévier de leur objet.

L'idée de faire participer les sociétés de secours
mutuels à l'assurance collective en cas d'accidents avait
été proposée par la Commission supérieure de surveillance et d'encouragement de ces sociétés. « Ce serait,
« disait-elle, l'utile complément de l'art. 6 qui permet
« aux sociétés de secours mutuels de participer aux avan-
« tages de l'assurance en cas de décès, et sans aucun
« doute les associations s'empresseraient de profiter des
« combinaisons qui leur seraient offertes, placées sous la
« garantie de l'Etat. C'est par de semblables innova-
« tions que les sociétés de secours mutuels étendront
« leur action bienfaisante, tout en demeurant fidèles à
« l'objet de leur institution. » Passage cité dans le rapport
de la Commission du Corps législatif. (*Mon,* 1868, p. 892).

Cette proposition trouva un appui dans la Commission
du Corps législatif, qui inscrivit les sociétés de secours
mutuels dans l'énumération de l'art. 14; cette nouvelle
rédaction fut acceptée par le Conseil d'Etat et consacrée
par la loi.

L'assurance collective des sociétés de secours mutuels

a un tout autre caractère que les autres assurances collectives en cas d'accident. Elle rentre mieux dans l'esprit général de la loi du 11 juillet 1868 qui considère l'assurance
comme une œuvre de prévoyance individuelle. Elle ne
réclame plus l'intervention du patron agissant dans un
intérêt personnel plus encore que dans un intérêt philanthropique ; ici ce sont les travailleurs eux-mêmes qui se
groupent pour contracter l'assurance qui leur est offerte
par l'Etat. Ainsi pratiquée, l'assurance accroit notablement les avantages, que les sociétés de secours mutuels
offrent à leurs membres ; la prévoyance de chacun se
trouve dirigée dans un sens plus utile ; la société réalise
pour l'ensemble de ses membres un effort dont l'initiative
individuelle aurait été le plus souvent incapable ; l'assurance collective des sociétés de secours mutuels peut
donc amener à la Caisse une nouvelle catégorie d'assurés.

Mais il ne faut pas oublier et c'est ce qui réduit considérablement le rôle social et économique de l'assurance
collective des sociétés de secours mutuels, l'appoint qu'elle
fournit à la clientèle de la Caisse ne sera cependant composée que d'une élite ; les membres des sociétés de
secours mutuels sont déjà eux-mêmes des prévoyants et
ne représentent encore qu'une minorité dans le monde
ouvrier ; les sociétés de secours mutuels n'ont d'autre
ressort que la prévoyance de chacun de leurs membres ;
elles n'exercent sur la masse des travailleurs d'autre
action que celle qui résulte de l'exemple. Les assurances

collectives souscrites par les sociétés de secours mutuels, n'ayant, en définitive comme point de départ, que l'initiative propre des individus qui composent les sociétés, auront nécessairement une importance médiocre particulièrement en cas d'accident.

Il résulte implicitement des dispositions de la loi du 11 juillet 1868 que l'assurance collective en cas d'accident n'est accessible qu'à une catégorie fort restreinte de sociétés.

Si l'on s'en tient au texte de la loi, toutes les sociétés de secours mutuels, quelle que soit la composition de leur personnel, devraient être admises au bénéfice de l'assurance en cas d'accidents, comme elles sont admises au bénéfice de l'assurance en cas de décès, instituée par la même loi. Une pareille assimilation ne serait pas justifiée. L'assurance en cas de décès est ouverte à toute personne ; rien de plus naturel que d'autoriser les sociétés de secours mutuels, composées le plus souvent, de membres de professions diverses, à contracter les assurances de cette nature. L'assurance en cas d'accidents au contraire est étroitement limitée à certaines catégories de personnes, celles qui se livrent aux travaux industriels et agricoles : comment l'assurance collective en cas d'accidents serait-elle possible pour des sociétés de secours mutuels, comprenant parmi leurs membres des personnes étrangères à ces professions, alors surtout que l'assurance collective, ainsi que nous le verrons dans un instant, doit comprendre, sans exception, tous les membres de la société ? C'est sans doute à raison de cette difficulté que le projet avait considéré l'assurance collective comme l'apanage des groupements exclusivement professionnels, chemins de fer, usines, administrations publiques ; les sociétés de secours mutuels n'étant pas en général des associations professionnelles, ne paraissaient pas pouvoir figurer dans cette énumération.

Nous sommes donc autorisés à penser que, malgré la généralité des termes, l'art. 15 ne peut être étendu à des sociétés de secours mutuels quelconques: le législateur n'a nulle part annoncé son intention de déroger à propos des sociétés de secours mutuels au principe qu'il avait posé dans l'art. 1er de la loi, d'après lequel le bénéfice de l'assurance en cas d'accident est réservé aux personnes blessées dans l'exécution des travaux agricoles ou industriels. L'assurance collective en cas d'accident ne devra être admise qu'au profit des sociétés composées uniquement de membres appartenant à des professions visées dans l'art. 1er, c'est une restriction commandée par la nature des choses; elle était indiquée par le rapport de la Commission supérieure de surveillance et d'encouragement des sociétés de secours mutuels, qui ne réclamait le bénéfice de l'assurance collective qu'en faveur de « certaines sociétés de secours mutuels, celles notam-« ment qui sont formées entre ouvriers d'une même pro-« fession. » Dans l'esprit de la loi, les sociétés pour lesquelles est écrite la disposition de l'art. 15 sont les sociétés constituées par des travailleurs qui se groupent pour contracter à leurs frais l'assurance qui leur est offerte par l'Etat.

Nous devons donc éliminer toutes les sociétés de secours mutuels comprenant des membres étrangers aux professions visées par l'art. 1er, tels que domestiques, rentiers, commis de négociants, etc. Ces sociétés seront aptes à souscrire des assurances collectives a la Caisse nationale d'assurance en cas de décès ; elles ne pourront souscrire d'assurances collectives à la Caisse nationale d'assurances en cas d'accidents. Du reste malgré la subvention de l'Etat, l'assurance collective en cas d'accidents serait d'ordinaire peu avantageuse pour des sociétés de ce genre, la présence des membres étrangers aux travaux industriels et agricoles devant avoir pour effet inévitable de diminuer d'une façon sensible les risques d'accidents.

La loi du 9 avril 1898 a eu pour conséquence de réduire encore le nombre des sociétés de secours mutuels aptes à bénéficier de l'assurance collective en cas d'accidents ; par suite de la législation nouvelle à laquelle sont soumis les accidents industriels, l'assurance n'offre plus d'intérêt pour les ouvriers de l'industrie et dès lors les seules sociétés qui pourront contracter une assurance collective dans les termes de l'article 15 seront des sociétés de secours mutuels composées exclusivement d'ouvriers agricoles ou bien des sociétés qui seraient composées de patrons.

D'après l'art. 15 le bénéfice de l'assurance collective est réservé aux sociétés de secours mutuels « autorisées » c'est-à-dire aux sociétés approuvées ou reconnues d'utilité publique, les seules possédant une existence légale sous le régime du décret du 26 mars 1852. En autorisant ces sociétés à contracter des assurances contre les accidents avec la Caisse, la loi du 11 juillet 1868 étendait leur capacité légale (1). Cette extension, pas plus que dans le cas d'assurance à la Caisse nationale d'assurances en cas de décès, ne pouvait offrir de danger pour ces sociétés ; ne pouvant contracter qu'avec la Caisse instituée par l'Etat, la société n'avait pas à redouter l'insolvabilité de l'assureur ; d'autre part, le contrat étant annuel et les cotisations prélevées chaque année sur les ressources disponibles, sans engagement pour l'avenir, il n'y avait pas lieu de craindre que la société ne se trouvât un jour sous le coup d'obligations, auxquelles elle serait hors d'état de satisfaire.

La loi du 1er avril 1898 sur les sociétés de secours mutuels a modifiée cette situation. Désormais les sociétés libres sont admises au même titre que les sociétés approuvées ou reconnues d'utilité publique à contracter pour leurs membres des assurances auprès de la Caisse nationale ; l'art. 9 de la loi qui consacre cette faculté se trouve en effet placé dans les dispositions générales communes à toutes les sociétés de secours mutuels. Mais

(1) Aux termes du décret du 26 mars 1852, les sociétés de secours mutuels pouvaient seulement assurer des secours temporaires à leurs membres malades, blessés ou infirmes et pourvoirs à leurs frais funéraires, et, en outre, d'une façon exceptionnelle leur promettre des pensions de retraite.

il est à noter que les sociétés sont autorisées à faire des contrats d'assurances, non seulement avec la Caisse, mais avec toute compagnie d'assurances qu'il leur plaira de choisir, ou même de constituer entre leurs membres des assurances mutuelles, sous la seule condition de se conformer aux lois et aux réglements en vigueur.

Rappelons que, comme contre partie des libertés qu'elle accorde aux sociétés de secours mutuels, la loi du 1er avril 1898 leur impose, dans l'intérêt du public, certaines formalités de publicité et certaines conditions, notamment de préciser exactement leur objet dans leurs statuts, en particulier de spécifier les opérations d'assurances auxquelles elles se livrent, d'indiquer l'emploi des cotisations, et, en outre s'il s'agit d'une société approuvée, de prévoir des recettes proportionnées aux dépenses nécessitées par la constitution des assurances.

Le second paragraphe de l'art. 15 autorisait les administrations municipales à faire assurer les compagnies et subdivisions de sapeurs pompiers contre les risques inhérents à leur service spécial, soit aux professions individuelles des ouvriers qui le composent. C'était une dérogation au principe posé par l'art. 1er de la loi qui réservait le bénéfice de l'assurance aux professions industrielles et agricoles. Mais disait le rapporteur de la commission du Corps législatif « quel plus juste emploi de « l'assurance que d'en faire la garantie de ces généreux « citoyens, dont le dévouement volontaire ne redoute ni « fatigues, ni périls et ne cherche sa récompense que

« dans l'accomplissement du devoir ? Ce sera un honneur
« pour la loi que d'avoir réalisé à leur égard un vœu,
« souvent émis, et en les assurant à double titre, de pro-
« téger en leur personne, le courage et le travail ».
(Rapport. *Mon*, 68, p. 890).

Nous avons déjà dit que le décret du 12 juillet 1899
avait soumis l'assurance des compagnies de sapeurs
pompiers à des règles spéciales, c'est toujours la Caisse
nationale d'assurances en cas d'accidents qui est chargée
de recevoir les primes en cas de sinistre, de verser à la
Caisse des retraites les fonds nécessaires pour constituer
les pensions ; mais l'assurance a complètement changé
de caractère ; elle est effectuée d'office, par les soins de
l'Etat, qui acquitte les primes de ses deniers.

L'assurance instituée par le décret du 12 juillet 1899
ne garantit les sapeurs pompiers que contre les accidents
survenus en service commandé ; la disposition de l'art.
15 de la loi du 11 juillet 1868 était beaucoup plus large ;
d'après cette disposition le sapeur pompier était assuré,
non seulement contre les risques inhérents à son service
spécial, mais en outre contre les risques attachés à la
profession, qu'il pouvait individuellement exercer.

§ XXII. — Dispositions particulières aux assurances collectives.

Les assurances collectives en cas d'accidents, instituées
par l'article 15 sont contractées dans les mêmes formes

que les assurances collectives en cas de décès ; à cet
égard l'art. 15 nous renvoie aux dispositions de l'art. 7.

Les propositions sont donc accompagnées de listes
nominatives comprenant sans exception tous les membres
de la collectivité qui souscrit l'assurance. Les assurances
collectives doivent en effet comprendre tous les membres
de la collectivité. Il y a là, non seulement une faculté
qui résulte clairement des termes employés par l'art. 7
de la loi : « L'assurance est contractée sur une liste
indiquant le nom et l'âge de tous les membres qui
composent la société. » La circulaire ministérielle du
14 octobre 1868, commentant l'art. 17 du décret du
10 Aout 1868, rappelle le caractère obligatoire de cette
condition.

« Il convient, dit-elle, de remarquer que le § 2 de
« l'art 17 en disant que les propositions d'assurances
« sont accompagnées de listes nominatives comprenant
« les personnes assurées, entend, par cette désignation,
« tous les membres de la société, conformément d'ailleurs
« à la prescription formelle de la loi. » Le motif de cette
exigence se comprend aisément; le législateur a considéré l'assurance par l'intermédiaire des sociétés de
secours mutuels, comme l'un des moyens les plus efficaces
de faire pénétrer dans les masses la pratique de l'assurance; il était donc naturel qu'il exigeât que le bénéfice
de ces assurances fut étendu à tous les membres de la
société.

Les sociétés de secours mutuels ne pourraient donc

souscrire d'assurances collectives au profit de certains
de leurs membres à l'exclusion des autres. Les assurances
dont le bénéfice ne s'étendrait pas à tous les membres
d'une société ne constitueraient que des assurances individuelles, dont les conditions diffèrent notablement des
assurances auxquelles sont soumises les assurances
collectives. (1).

Rien n'empêche du reste les membres des sociétés
de secours mutuels de contracter personnellement des
assurances individuelles ; ce droit leur est reconnu en
termes exprès par le dernier paragraphe de l'art. 7 de
la loi du 11 Juillet 1868.

D'après le règlement d'administration publique du
10 Août 1868, art. 22, les assurances collectives avaient
lieu par année, comme les assurances individuelles ;

---

(1) La loi interdit aux sociétés de secours mutuels d'accorder à
certains de leurs membres des avantages qui ne seraient pas accor-
dés à tous les autres (loi du 1ᵉʳ avril 1898, art. 4). Cette disposition
n'empêche pas les sociétés de souscrire dans l'intérêt de quelques-uns
de leurs membres des contrats d'assurances individuelles ; la faculté
pour les sociétés de souscrire dans l'intérêt de quelques-uns de leurs
membres des assurances individuelles résulte de la manière la plus
formelle de l'art. 1ᵉʳ de la loi. Mais en pareil cas il est indispensable
que les primes soient acquittées au moyen de cotisations spéciales
versées par les membres intéressés et que les statuts réservent à tous
les autres membres de la société le droit de réclamer l'attribution de
contrats d'assurances individuels, moyennant le paiement du même
supplément de cotisation. On donne ainsi satisfaction, de la manière
la plus complète, aux exigences de l'art. 4 ; cet article ne prohibe
pas absolument toute distinction entre les sociétaires, mais seulement « toute distinction autre que celle qui résulte des cotisations
« fournies et des risques apportés ».

de plus, les listes nominatives, une fois déposées, ne pouvaient plus recevoir aucune modification.

Il résultait de là que l'ouvrier qui quittait dans le cours de l'année, ou même avant le commencement de l'exercice annuel l'établissement assuré, continuait à jouir du bénéfice de l'assurance, le plus souvent aux frais de son ancien patron, et que les ouvriers nouvellement entrés n'étaient pas admis à en profiter.

Ce système était vicieux et incompatible avec les nécessités de l'assurance collective; il ne tenait pas compte des changements inévitables qui se produisent nécessairement dans la composition du personnel d'une usine, d'une compagnie de chemin de fer, d'une administration publique ou de tout autre collectivité. Une réforme était indispensable; elle fut réalisée par le décret du 13 Aout 1877.

D'après l'art. 22 modifié par ce décret, les assurances collectives ont leur effet à partir du jour où elles sont contractées, à moins que le souscripteur n'ait désigné dans sa proposition d'assurance une époque ultérieure; en outre, l'art. 22 permet de conclure ces assurances sans clause de substitution ou avec cause de substitution

Dans le premier cas, la liste ne peut être modifiée, comme sous le régime du décret du 10 Août 1868; il est délivré à chaque assuré un livret individuel; l'assurance devient alors une véritable assurance individuelle, dont l'ouvrier conserve le bénéfice, alors même qu'il cesse de faire partie de l'établissement qui contracte l'assurance;

ce système se comprend lorsque la prime annuelle est acquittée par l'ouvrier; il est juste qu'en quittant l'établissement où il était employé, il ne perde pas le fruit de son travail.

L'assurance avec forme de substitution est la forme la plus usuelle de l'assurance collective ; dans les contrats de la Caisse, elle se présentera surtout lorsque la prime annuelle est acquittée sans retenue par le patron. Lorsque l'assurance est contractée avec clause de substitution, il n'est pas délivré de livret individuel : l'innovation du décret du 13 août 1877 consiste en ce que le souscripteur de l'assurance, après avoir payé la prime sur le nombre moyen d'ouvriers qu'il compte occuper pendant l'année, peut, pendant toute sa durée, faire mentionner sur la liste qu'il a produite, les changements survenus dans le personnel assuré. A la fin de l'année le montant définitif de la prime est arrêté d'après le nombre moyen des ouvriers occupés chaque jour et donne lieu, soit à un versement complémentaire, soit à un remboursement. Ce nouveau système emprunté aux compagnies d'assurances privées, permet de suivre au jour le jour les variations qui surviennent dans la compositon du personnel de l'établissement assuré ; désormais l'assurance ne peut plus comprendre que le personnel faisant partie de cet établissement et elle comprendra l'intégralité de ce personnel.

Nous appliquerons à l'assurance collective les règles de l'assurance individuelle qui ne sont pas incompatibles avec la nature de l'assurance collective. Telles sont les règles concernant le taux des cotisations et la fixation des indemnités ; en matière d'assurances collectives, nous aurons comme en matière d'assurances individuelles, trois catégories de cotisations, 3 francs, 5 francs, 8 francs, donnant lieu à autant de catégories d'indemnités qui seront établis sur les bases des art. 10, 11, 12 de la loi du 11 juillet 1868. Il en est autrement des assurances collectives en cas de décès, pour lesquelles la loi a établi un maximum d'indemnité spécial.

La disposition de l'art. 14 établissant un minimum d'âge est au contraire inapplicable aux assurances collectives, l'assurance devant s'étendre à tous les membres sans exception de la collectivité. Sans doute l'assurance collective comprend des ouvriers occupés à un travail industriel, le minimum d'âge de 12 ans sera toujours atteint, puisque les lois sur l'organisation du travail ne permettent pas le travail industriel au-dessous de 12 ans ; mais s'il s'agit d'un travail agricole (et depuis la loi du 9 avril 1898, c'est le cas qui nous intéresse le plus) aucun minimum d'âge n'est exigé. Dès lors si l'exploitation agricole ou la société de secours mutuels composée d'ouvriers agricoles comprend des enfants au-dessous de 12 ans, ils devront participer au bénéfice de l'assurance ; car l'esprit de la loi est d'admettre indistinctement aux avantages de l'assurance collective tous les membres de la collectivité, sans établir parmi eux aucune exclusion.

Au contraire l'assurance collective comportera l'application des règles que nous avons exposées à propos de l'assurance individuelle, soit en ce qui concerne la capacité des parties, soit en ce qui concerne la détermination des ayant droit à l'indemnité. La situation sera la même que lorsque l'assurance individuelle est souscrite par le patron dans l'intérêt de l'ouvrier. Nous déciderons donc, d'une part, qu'il n'y aura pas à tenir compte de la capacité propre du bénéficiaire de l'assurance ; le chef d'exploitation qui contracte l'assurance au profit de ses ouvriers, l'administration de la société de secours mutuels qui traite pour le compte des membres de la société n'agit pas comme mandataire ; il contracte pour tous les ouvriers de l'exploitation, pour tous les membres de la société, capables ou incapables, en vertu d'une faculté légale.

Nous devrons admettre d'autre part que le droit à l'indemnité s'ouvre en la personne de l'ouvrier, et non en celle du chef d'exploitation ou de la société de secours mutuels et que l'ouvrier possède une action directe contre la Caisse. Il résulte bien de l'esprit de la loi que l'assurance est faite au profit de l'ouvrier ou du membre de la société. Les bénéficiaires des secours seront les mêmes que dans l'assurance individuelle.

Les indemnités bénéficieront du même privilège d'incessibilité et d'insaisissabilité.

Enfin nous appliquerons à l'assurance collective les principes que nous avons établis plus haut en ce qui concerne le cumul de l'indemnité d'assurance avec l'action

en responsabilité fondée sur l'art. 1382, et en ce qui concerne le recours de la Caisse contre l'auteur de l'accident.

Le dernier paragraphe de l'art 15 dispose que chaque
assuré ne peut obtenir qu'une seule pension viagère.
C'est une règle qu'il était peut être superflu d'énoncer
et qui était implicitement contenue dans l'art 8. Il est
évident que les versements dont le quantum est fixé par
cet article ne sauraient être multipliés, de manière à
permettre la constitution de pensions viagères dont le
chiffre serait illimité ; la loi n'a eu d'autre but que de
mettre les victimes des accidents à l'abri de la misère
au moyen d'une pension modeste ; elle n'a pas eu l'ambition de donner l'aisance, encore moins le superflu ;
elle ne pouvait avoir cette ambition sans renoncer à son
rôle d'institution populaire.

En fait cependant il peut arriver, dans le cas d'assurance collective que plusieurs cotisations aient été versées
sur la même tête ; l'art. 15 décide que ces cotisations
seront réunies, sans que la cotisation ainsi formée pour
la liquidation de la pension puisse dépasser le chiffre de
huit francs ou de cinq francs fixé par la loi, c'est-à-dire
que s'il a été fait deux versements de trois francs, le
chiffre de la cotisation sera ramené à cinq francs : que
s'il a été fait un nombre quelconque de versements, dont
le total soit égal ou supérieur à huit francs, le chiffre
de la cotisation sera, dans tous les cas, ramené à huit
francs.

L'excédent des sommes versées sera restitué au déposant comme versement irrégulier.

§ XXIII. — Règles générales concernant la gestion de la Caisse, la forme des assurances et le règlement des indemnités.

La loi du 11 juillet 1868 contient dans ses derniers articles (art. 16 et s.) une série de dispositions communes à la Caisse d'assurances en cas d'accidents et à la Caisse d'assurances en cas de décès : ce sont les dispositions qui concernent la révision périodique des tarifs (art. 16), la gestion de la Caisse attribuée à la Caisse des dépôts et consignations, l'emploi des fonds disponibles en rentes sur l'Etat, l'institution d'une commission supérieure de surveillance (art. 17), l'établissement de statistiques nouvelles des accidents (art. 18), la dispense d'enregistrement et de timbre pour les certificats, actes de notoriété et autres actes relatifs à l'exécution de la loi (art 19).

Le décret d'administration publique du 10 août 1868, intervenu en exécution de la loi du 11 juillet 1868 (art 19) est également commun aux assurances en cas d'accidents et aux assurances en cas de décès. Ce décret a été modifié sur quelques points par un autre décret du 13 août 1877. Les formalités sont sensiblement les mêmes pour les deux espèces d'assurances pour l'une comme pour l'autre, le contrat est réalisé sous forme de proposition d'assurance ; ces propositions d'assurance sont reçues chez

7 B.

les mêmes agents : caisse des dépôts et consignations, tréso-
riers payeurs généraux receveurs particuliers, percepteurs
des contributions directes, receveurs des postes. Elles
donnent lieu à la délivrance d'un livret police qui est
le titre de l'assuré (art. 2, 3, 4, 20). En cas de perte du
livret il est pourvu à son remplacement dans les formes
prescrites par la loi du 28 Floréal, an VII, sur les transferts
de la dette publique art. 14.

Si un accident se produit, le maire sur l'avis qui lui
en est donné, constate les circonstances, la nature et les
causes de l'accident (art. 25) ; il charge un médecin de
constater l'état du blessé (art. 26) ; le certificat du
médecin et le procès-verbal du maire sont transmis avec
la demande de la partie intéressée au préfet ou au sous-
préfet qui saisit le comité institué au chef lieu de chaque
arrondissement pour donner son avis sur les demandes
de pensions viagères ; nous avons fait connaître plus
haut la composition et le rôle de ce comité. Après avoir
ordonné, s'il y a lieu un nouvel examen médical le
comité donne son avis (art. 29), enfin cet avis est transmis par le préfet avec les pièces à l'appui au directeur
général de la Caisse des Dépôts et Consignations qui
statue.

§ XXIV. — **Fonctionnement de la Caisse d'assurances
en cas d'accidents sous le régime de la loi du 11 juillet
1868. Résultats statistiques et financiers.**

Avant d'étudier les modifications profondes apportées
au régime de la Caisse nationale contre les accidents

par la loi du 21 mai 1899, nous devons nous rendre compte des résultats obtenus par notre institution au cours des trente années de son fonctionnement sous le régime de la loi du 11 juillet 1868.

Ces résultats n'ont pas été satisfaisants ; ils sont encore moindres que ceux de la Caisse d'assurances en cas de décès.

Depuis le début jusqu'en 1873 le nombre annuel des cotisations varie entre 613 en 1873 avec un total de primes, s'élevant à 3.934. et 887 en 1870 avec un total de primes s'élevant à 5.585 fr.

En 1873 le nombre des assurés s'élève sensiblement, à 1325 avec 8.049 fr. de primes annuelles. En 1874 le maximum est atteint ; nous trouvons 2.213 assurés ; ce chiffre n'a jamais été dépassé. depuis le total des primes s'élève pour cette année a 12.265.

Cette progression ne se maintient pas ; dès l'année suivante, nous sommes ramenés à un chiffre voisin de celui de l'année 1873. 1388 assurances avec 8861 primes. La diminution s'accentue encore l'année suivante ; nous n'avons plus que 1159 assurances avec 7220 fr. de primes. Une amélioration se produit à partir de 1877. peut être grâce au décret du 13 août 1877 qui donnait des facilités nouvelles aux assurances collectives ; le nombre des assurances s'élève d'année en année jusqu'en 1879 ou nous trouvons 1894 assurances avec 10.914 fr. de primes. Puis nous constatons un nouveau recul ; en 1884 nous n'avons que 1190 assurances représentant 6692 fr. de

primes. Ces chiffres restent à peu près stationnaires
jusqu'en l'année 1889 où nous assistons à une nouvelle
reprise.

En 1890 nous trouvons un autre maximum ; 1894 assurances avec 12889 fr. de primes ; c'est le chiffre le plus
élevé de primes qui ait jamais été atteint. A partir de
1890 nous constatons encore une décroissance ; en 1898
nous n'avons que 1508 assurances représentant 9.898 fr.
de primes.

En résumé, de 1868 en 1898, en trente ans, la Caisse
d'assurance en cas d'accidents a assuré 42.561 personnes
pour lesquelles il a été versé 274.314. fr. 84 de primes. Le
nombre moyen des personnes assurées a donc été de
1419 fr. seulement ; nous sommes loin du chiffre annuel
de 600.000 assurés prévus en 1868.

Les statistiques ne nous font pas connaitre quelle est,
dans les chiffres ci-dessus, la proportion respective des
assurances individuelles et des assurances collectives.

Pendant les premières années, le nombre des assurances contractées moyennant une cotisation de 8
francs n'a été que très légèrement supérieur à celui des
assurances contractées moyennant une cotisation de
cinq francs ; les assurances à trois francs étaient beaucoup moins nombreuses.

De 1868 à 1877 nous trouvons en effet :

Cotisation à 8 francs	à 5 francs	à 3 francs
4.698	4.446	1522

En 1885, cette proportion ne s'était pas modifiée d'une manière sensible ; à la fin de l'année 1885 nous avons.

Cotisation à 8 francs	à 5 francs	à 3 francs
9.922	8.231	4.801

Mais à partir de cette époque les cotisations de 8 francs sont devenues de plus en plus nombreuses ; les pensions obtenues au moyen des cotisations de 5 et de 3 francs paraissent de plus en plus insuffisantes pour les besoins des assurés. En 1898 nous trouvons depuis l'origine :

Cotisations à 8 francs	à 5 francs	à 3 francs
21.811	13.211	7.333

Les statistiques ne fournissent aucun renseignement sur le sexe, l'âge, ni l'État civil des assurés, les rapports de la Commission supérieure de surveillance ne contiennent qu'une statistique professionnelle qui donne lieu à quelques observations. La catégorie des assurés qui représente le chiffre le plus considérable est celle des sapeurs-pompiers ; elle représente en général plus du tiers du nombre total des assurances : pour certaines années même plus de la moitié et même les deux tiers. Ainsi en 1880 nous trouvons 1211 assurances de sapeurs-pompiers sur un chiffre total de 1812 assurances ; en 1881, 1148 sur 1651. Ce seul exemple démontre combien le rôle de la Caisse d'assurances en cas d'accidents a été jusqu'à présent insignifiant dans le domaine économique ; sa clientèle, au lieu d'être alimentée par les travailleurs de l'agriculture et de l'industrie, en faveur desquels l'institution avait été créée n'est guère qu'une clientèle d'administration.

La disposition établie par l'art 15 de la loi du 11 juillet 1868 en faveur des sapeurs-pompiers constituait une exception unique au principe posé par l'art 1er de la loi, aux termes duquel le bénéfice de l'assurance contre les accidents était réservé aux travaux industriels et agricoles. Cette exception a été étendue d'une façon quelque peu arbitraire par l'administration de la Caisse. C'est ainsi que nous voyons figurer sur les statistiques, des gardes municipaux, des domestiques ; il n'est pas douteux cependant que la profession d'agent de la force publique n'a rien qui ressemble à une profession industrielle ou agricole ; quant aux domestiques, la question avait été formellement posée lors de la discussion de la loi, elle avait été tranchée en ce sens que les domestiques ne seraient pas admis aux avantages de l'assurance.

Nous trouvons même, dans une proportion minime, il est vrai, des personnes appartenant à des professions libérales (1) et jusqu'à des rentiers ; c'est la négation même du principe posé par la loi du 11 juillet 1868.

Les assurances contractées par les ouvriers de l'industrie représentent, suivant les années, le tiers ou la moitié du nombre total des assurances ; en 1897 ces assurances s'élevaient à 546 sur un nombre total de 1399. Les statistiques ne nous font pas connaître à quels éta-

(1) En 1880, 6 ; en 1881, 3.

blissements appartiennent ces ouvriers ; on peut se demander si ces établissements ne dépendent pas d'une façon plus ou moins directe de l'administration. Quant aux ouvriers agricoles, ils ne figurent sur les statistiques que dans une proportion infime; en 1897 : **16 sur 1399** assurés ; en 1898. 45 sur 1508.

Le rapport de la commission supérieure de surveillance nous fournit pour l'exercice 1898 la répartition suivante entre les diverses professions.

Professions	Cotisations de			Ensemble
	3 fr.	5 fr.	8 fr.	
Ouvriers de l'industrie	12	60	554	626
— du bâtiment.	3	13	54	70
Chefs d'ateliers ou conducteurs de travaux	2	9	15	26
agriculteurs.......	23	1	21	45
Journaliers et domestiques		23	66	89
Fonctionnaires et employés...........	5	141	43	189
Sapeurs pompiers ...	171	115	177	463
	216	362	930	1508

Le nombre des sinistres est demeuré sensiblement au-dessous des prévisions. Sur 42.561 assurances contractées depuis 1868 jusqu'à la fin de 1898, la Caisse n'a eu à régler que 99 sinistres dont 73 ayant occasionné une incapacité permanente de travail et 26 ayant été suivis de mort. c'est une moyenne de 2,32 pour 1000 assurés ; or la moyenne prévue, qui avait servi de base pour l'établissement des cotisations et la fixation des indemnités était de 3,20 pour 1000 assurés.

Il est résulté de cette situation, que les ressources de la Caisse se sont trouvées de beaucoup supérieures à ses dépenses ; l'écart devait être d'autant plus grand que dans l'établissement du tarif, ainsi que nous l'avons fait observer, on n'a tenu compte que des accidents entraînant une incapacité absolue de travail et donnant droit ensuite à une indemnité entière ; la prime avait été calculée comme si cette indemnité entière devait être allouée à tous les sinistrés sans exception.

On ne prenait pas en considération l'excédent de bénéfices résultant des accidents ayant entraîné la mort ou des accidents ayant entraîné une incapacité permanente du travail de la profession, l'indemnité en pareil cas, payée par la Caisse, étant moindre que dans le cas ou l'accident avait pour conséquence une incapacité absolue de travail ; nous savons qu'en cas de mort, les secours alloués à la famille, ne représentent que deux années de pension : en supposant même que l'assuré laisse une famille, et que lorsque l'incapacité de travail n'est pas absolue, l'indemnité est réduite à la moitié du chiffre auquel elle aurait été fixée, en appliquant rigoureusement la proportion de 320 sinistres pour 100,000 assurés ; dans l'un et l'autre cas, l'assurance devait fournir à la Caisse, un élément de bénéfice d'autant plus considérable, que la proportion de 320 pour 100,000 était déjà supérieure à la réalité.

Cet élément de bénéfice a été fort important ; car loin de représenter une proportion négligeable, les accidents

ayant entraîné la mort ou une incapacité de travail professionnel sont de beaucoup plus nombreux que les accidents
ayant entraîné une incapacité de travail absolue.

Nous avons vu que sur un chiffre total de 99 sinistres,
réglés jusqu'à la fin décembre 1898, nous avons
26 sinistres suivis de mort, soit une proportion de
27 pour cent; pour les 69 sinistres ayant entraîné une
incapacité permanente de travail, la statistique contenue
dans le rapport de l'année 1898, ne distingue pas entre
les accidents de la première catégorie, (incapacité absolue)
et les accidents de la deuxième catégorie (incapacité de
travail professionnel), il faut remonter jusqu'au rapport
de l'année 1888, pour trouver des renseignements précis
à cet égard. Il résulte de ce rapport, que pendant la
période de 20 années écoulées de 1868 à 1888, on avait
constaté, sur 42 accidents, 9 accidents ayant occasionné
la mort, 7 ayant occasionné une incapacité absolue de
travail et 26 une incapacité permanente du travail de la
profession; c'est-à-dire que les accidents donnant droit
à la pension entière représentent à peine 17 pour cent,
les accidents donnant droit au paiement maximun de
deux annuités 21 pour cent. (1)

La base de 320 sinistres pour 100.000 assurés était donc
inexacte à un double point de vue; d'une part, elle était
de beaucoup trop élevée par rapport au nombre effectif

(1) Les statistiques allemandes et autrichiennes, établies sur des
bases autrement larges que celles qui peuvent résulter des opérations
de la Caisse nationale d'assurances en cas d'accidents, confirment

des sinistres, d'autre part, elle était établie, comme si tous les sinistres avaient donné droit à la pension entière, alors que la plus grande partie de ces sinistres ne donnait droit en fait qu'à une pension réduite.

Ces deux causes réunies ont agi simultanément pour constituer à la Caisse nationale d'assurances en cas d'accidents des bénéfices véritablement excessifs. Le législateur avait prévu que les pensions seraient fournies jusqu'à concurrence de moitié seulement à l'aide d'une subvention de l'Etat. Il n'a jamais été nécessaire de recourir à cette subvention ; bien plus, les indemnités servies par la Caisse, n'ont pas même atteint le montant des cotisations et ont laissé un reliquat important.

Du 11 juillet 1868 au 31 décembre 1897, les versements effectués à la Caisse nationale d'assurances en cas d'accidents au nom de 41.053 assurés se sont élevés à la somme de 263.812 fr. 37. Le règlement des sinistres, les remboursements de versements irréguliers et des excédents de primes, en cas d'assurance collective avec

aussi la rareté relative des accidents entraînant l'incapacité absolue de travail.

La statistique allemande de 1996, établie sur un chiffre total de 17.605.190 travailleurs donne les proportions suivantes :

cas de mort	13.20 p. 100
cas d'incapacité permanente totale	2.90 »
ces d'incapacité permanente partielle	83.80 »

La statistique autrichienne, pour la même année donne sur un chiffre de 1.974.644 personnes assurées la proportion :

cas de mort	14.67 p. 100
cas d'incapacité permanente totale	3.06 »
cas d'incapacité permanente partielle	82.27 »

(Bulletin de l'office du travail, 1898, p. 129.)

faculté de substitution n'ont entraîné qu'une dépense de
214.565.fr.92 qui n'atteint que 81.33 p. 100 des versements
et laisse un excédent de 49.246. fr. 45.

La subvention de l'Etat avait été fixée pour la première année (exercice 1868-1869) à un million (loi du
11 juillet 1868 art. 9 et 2) ; en principe elle devait être
renouvelée chaque année par la loi de finances suivant les
besoins de la Caisse. Effectivement une seconde subvention d'un million fut allouée à la Caisse pour l'exercice
de 1870 et une troisième subvention de cent mille francs
pour l'exercice 1871. Mais, par suite de la situation que
nous venons d'indiquer, il n'a jamais été nécessaire de
recourir de nouveau aux libéralités du trésor. La somme
de 2.100.000 fr., versée à titre de subvention de 1868 à
1871, est restée sans emploi ; cette dotation grossie d'année
en année, par le jeu des intérêts composés et par les
bénéfices provenant de l'excédent des recettes sur les
dépenses constituait au 31 décembre 1892 une réserve
atteignant le chiffre énorme de 5.601.118 fr. 68 centimes.
La Caisse nationale d'assurances en cas d'accidents était
devenue à son tour assez riche pour faire des libéralités
à d'autres institutions ; c'est ainsi que la loi des finances
du 26 juillet 1893, art. 58 ordonne le prélèvement d'une
somme de un million sur le portefeuille de la Caisse d'assurances en cas d'accidents, pour être transportée à la
Caisse d'assurances en cas de décès. afin de combler le
déficit et de reconstituer les réserves de cette dernière
Caisse.

Malgré ce prélèvement les réserves de la Caisse nationale d'assurances en cas d'accidents sous l'influence des
mêmes causes, ont repris leur marche ascendante ; au
31 décembre 1898 elles étaient revenues à un chiffre supérieur au chiffre constaté au 31 décembre 1892 et repré-
sentaient un capital de 6.821.932 fr. 52 cent. qui, placé
en rentes sur l'État donnait un revenu annuel de
219.539 fr. L'importance de la réserve est donc hors de
toute proportion avec les charges de la Caisse ; ces charges de toute nature, réglements de sinistres, frais acces-
soires, remboursement de versements irréguliers et d'excédents de primes, n'ont entraîné depuis l'origine jusqu'au 31 décembre 1898, en l'espace de 30 ans, qu'une
dépense de 229.949 fr. 32 cent. une seule année de revenu
actuel de la réserve suffirait pour y faire face.

La loi du 11 juillet 1868 prévoyait que la Caisse pourrait recevoir des dons et legs (art. 933). Dans la pensée
du législateur, cette ressource devait avoir une certaine
importance. Il n'est pas douteux en effet que si la Caisse
avait utilement rempli son rôle social, elle n'eut mérité
les libéralités des philanthropes. Les résultats obtenus
par notre institution n'ont pas été de nature à lui mériter
ces faveurs ; l'importance minime des services qu'elle
rendrait, la surabondance de ses ressources ont également
contribué à éloigner d'elle la générosité des donateurs.
La Caisse d'assurance en cas d'accidents n'a jamais
recueilli de dons ni de legs si ce n'est en 1868 un don de
1000 fr. de M. le Baron de Beauverger, rapporteur de la
loi devant le corps législatif.

§ XXV. — **Causes de l'échec éprouvé jusqu'à présent par notre institution. Vices du système de la loi du 11 juillet 1868.**

La Caisse d'assurance en cas d'accidents, sous le régime de la loi de 1868, n'a donc rempli en aucune façon la pensée de ses fondateurs. L'institution répondait à un besoin incontestable de l'organisation sociale et industrielle de notre époque; il eut paru naturel qu'avec le temps elle dut se développer et s'étendre.

La loi de 1868, exposant en principe que l'ouvrier devait être protégé contre les risques de sa profession, consacrait une idée nouvelle; l'idée a fait fortune en France et à l'étranger; l'assurance contre les accidents est entrée dans les mœurs; considérée d'abord comme une simple mesure de prudence de la part du patron, elle a fini, en fait sinon en droit, par devenir pour les chefs d'industrie une obligation légale. De nombreuses institutions privées, Caisses de secours, sociétés de secours mutuels, compagnies d'assurances contre les accidents ont été fondées pour donner satisfaction à ces nouvelles exigences du travail; ces institutions privées se sont multipliées et elles ont prospéré. L'idée qui inspirait la loi de 1868, était donc une idée féconde; comment expliquer que l'institution de l'État qui, dès le début avait été mise au service de cette idée, qui semblait pouvoir, mieux que tout autre, en assurer le succès par la généralité de son action, n'ait point participé à la même faveur et ait abouti à un échec aussi lamentable ?

L'échec ne pouvait pas être plus complet. Si les résultats de la Caisse d'assurances en cas de décès ont été médiocres, ceux de la Caisse d'assurance en cas d'accidents ont été complètement nuls ; la clientèle de la Caisse a toujours été insignifiante ; cette clientèle, elle-même, n'est en grande partie, qu'une clientèle obligée, que la Caisse ne possède que grâce à des interventions administratives ; la clientèle indépendante, c'est-à-dire celle qui comprend l'universalité des établissements industriels et des exploitations agricoles n'a jamais pu être gagnée.

Quelles sont les causes d'un pareil insuccès ? La première sur laquelle nous reviendrons tient à ce que la Caisse nationale ne garantissait pas la responsabilité du patron.

Les rapports de la Commission supérieure de surveillance nous en révèlent une autre. « On voit, conclut-elle en « 1885, après avoir exposé la situation financière de notre « institution, que la Caisse d'assurances en cas d'acci-« dents qui, dans la pensée de ses fondateurs, ne devait « pouvoir faire face à ses charges qui à l'aide d'une large « subvention de l'État, est, au contraire loin de rendre « aux assurés l'équivalent des sacrifices qu'elle leur « impose. Les charges de la Caisse d'assurances en cas « d'accidents sont demeurées très inférieures aux prévi-« sions, et son développement ne paraît pas possible sans « une modification sérieuse des bases, d'après lesquelles « les pensions sont liquidées, modification que l'abon-

« dance de son portefeuille lui permettront de supporter
« sans danger pendant un certain nombre d'années. »
(Rapport sur l'exercice 1885, p. 11.)

Il est évident, en effet, que l'exagération des primes
par rapport aux indemnités était une cause certaine
d'insuccès. Non seulement il y avait là une erreur, au
point de vue de la gestion commerciale de la Caisse,
mais il y avait en outre un oubli complet des promesses
faites aux intéressés par la loi de 1868 ; dans l'art. 11 de
la loi, l'État avait pris l'engagement de contribuer pour
moitié au paiement des pensions ; il s'était même engagé,
dans certains cas, à contribuer pour une proportion supérieure à la moitié. Loin de fournir cette contribution, il
réalisait sur le produit des cotisations un bénéfice d'environ un cinquième, au préjudice des assurés.

Cette cause d'insuccès n'était pas la seule. Eut-elle été
immédiatement réparée, conformément au vœu de la
Commission supérieure de surveillance, que d'autres
défauts graves d'organisation eussent apparu à leur tour,
on aurait bientôt reconnu que les conditions du contrat
ne tenaient pas un compte suffisant des besoins de l'ouvrier, ni des nécessités de l'industrie. Nous avons déjà
signalé la base défectueuse et l'insuffisance des indemnités. D'après la loi les indemnités sont converties en
rentes viagères d'autant plus élevées que la victime est
plus âgée, d'autant plus basses que la victime est plus
jeune ; il n'est point rationnel, en pareille matière, de
tenir compte de l'âge des victimes ; on ne doit tenir

compte que de leurs besoins ; un jeune ouvrier blessé et devenu incapable de toute espèce de travail ne diffère en rien d'un vieillard.

Dans la plupart des cas les pensions sont insuffisantes et ne mettent pas l'ouvrier blessé à l'abri de la misère. Cette insuffisance est encore plus manifeste, lorsqu'il s'agit des secours alloués en cas de mort. Il est dérisoire de n'accorder aux enfants en bas âge, laissés par la victime, qu'un secours égal à deux années de pension.

L'uniformité du taux des cotisations constituait à un autre point de vue, une erreur regrettable. Toutes les professions ne comportent pas le même risque. Si grâce à une réduction du taux excessif des cotisations, les opérations de la Caisse avaient jamais reçu quelque développement, l'adoption d'une base fixe, aurait eu pour effet inévitable d'écarter les assurés comportant un risque professionnel moins élevé, pour lesquels l'assurance aurait été onéreuse, et d'attirer au contraire les assurés comportant un risque professionnel supérieur par lesquels l'assurance serait devenue une source de bénéfices. Une situation analogue avait été pour la Caisse d'assurances en cas de décès la cause de pertes considérables dans les assurances collectives des sociétés de secours mutuels.

Ces sociétés ayant en général une mortalité propre, différente de la mortalité générale, seules les sociétés ayant une mortalité supérieure à la moyenne avaient continué leurs assurances avec la Caisse; les sociétés ayant une mortalité plus élevée avaient renoncé à

s'assurer. Pour remédier à cette situation un décret du
28 novembre 1890 avaient établi pour les assurances des
sociétés de secours mutuels un coefficient de mortalité
propre calculé d'après la mortalité moyenne de chaque
société pendant les cinq dernières années. Il aurait fallu
en matière d'assurances contre les accidents, recourir à
un moyen analogue ; c'est-à-dire tenir compte des risques spéciaux à chaque catégorie d'assurés ; la Caisse
aurait dû, à l'exemple des compagnies d'assurances, adopter une base distincte pour chaque profession.

Des facilités plus considérables auraient dû être accordées aux chefs d'industrie ; le paiement de la prime
d'avance, en une seule fois, constitue pour le patron, qui
se charge du paiement de la prime une obligation onéreuse ; ce paiement aurait dû être fractionné.

Enfin alors même que les réformes que nous signa-
lons eussent été réalisées, il eut été nécessaire de donner
aux opérations de la Caisse, une large publicité, condition
indispensable au succès de toutes les entreprises de cette
nature. Si l'on met en regard les efforts réalisés par les
sociétés privées dans un but de propagande, les frais énormes de réclame qu'elles ne craignent pas d'exposer avec
l'abstention de l'administration, on arrivera facilement à
penser que la Caisse se trouve dans un état d'infériorité
manifeste. Tandis que les sociétés privées vont au devant
du client, vont le chercher à domicile, dans la rue, dans
les lieux publics, le sollicitent de mille manières, soit
par l'organe de ses agents, soit par celui de la presse,

la Caisse nationale se garde bien de manifester son existence, ses tarifs ne vont pas solliciter le client ; en dépit
des règlements, on ne peut les obtenir sans peine chez
les fonctionnaires chargés de recevoir les assurances ;
leur délivrance est considérée comme une faveur administrative, qui n'est accordée qu'au prix de démarches
multiples et de sollicitations réitérées. Le résultat de
cette indifférence est celui que l'on peut attendre ;
la Caisse d'assurances est une institution ignorée du
public.

Aussi admettrons-nous que si la Caisse d'assurances
veut faire œuvre sérieuse, elle doit tout d'abord s'inspirer de l'exemple des sociétés particulières et mettre
en œuvre la plus large publicité ; c'est à cette condition
seule, que l'expérience pourra être faite d'une façon
probante, avec chances de succès.

Si la loi de 1868 a mis entre les mains de l'administration un instrument défectueux, il n'est pas permis
cependant de se montrer trop sévère pour les auteurs de
cette loi, et l'administration, de son côté, porte une lourde
part dans l'insuccès de notre institution. Dans les conditions où elle avait été préparée, sans précédents
d'aucune sorte, sans documents statistiques, la loi du
11 juillet 1868 n'était évidemment qu'une tentative in-
certaine, qu'un premier essai ; elle devait nécessairement
contenir des dispositions dont la pratique ferait reconnaître les inconvénients ; à cet égard même le législateur
ne se faisait aucune illusion ; il avait prescrit la révision

des tarifs tous les cinq ans (art. 16) et pour donner une
base solide aux nouveaux tarifs, il avait sagement ordonné
« l'établissement d'une statistique annuelle indiquant, le
nombre, la nature, les causes des accidents qui se produisent dans les différentes professions (art. 18).

Les prescriptions du législateur sont restées à l'état de
lettre morte ; les statistiques ont été négligées et, après
trente ans écoulés, les tarifs subsistent immuables.
Depuis 1868 une seule amélioration a été apportée à l'organisation primitive, la faculté de substitution intro-
duite dans les assurances collectives par le décret du
13 août 1877, modification, intéressante sans doute, mais
qui laissait subsister les vices essentiels de l'institution.

Cependant en 1885, la commission supérieure de surveillance signalait l'exagération des tarifs et en
réclamait la réduction. On pourrait même reprocher à ces
observations d'être tardives ; car dès les premières années
l'exagération des tarifs était manifeste. Nous en trouvons
la preuve dans ce fait que dès 1871 la subvention
annuelle avait été complètement supprimée. Par conséquent, depuis cette époque la Commission supérieure
de surveillance aurait été en mesure de formuler ses
critiques.

En 1889 seulement la Commission soumet au gouvernement un plan de réformes ; elle se heurte à son tour à
l'indifférence des pouvoirs publics. Il n'a pas été tenu
compte de ce plan de réformes et l'institution créée par
la loi du 11 juillet 1868 subsiste toujours dans sa forme

primitive avec tous les défauts d'organisation qui la condamnent à la stérilité.

Sans doute la loi du 24 mai 1899 a ouvert un champ nouveau d'action à la Caisse d'assurances en cas d'accidents. Elle a mis le fonctionnement de la Caisse en harmonie avec les conditions nouvelles imposées à l'industrie par la loi du 9 avril 1898 ; l'organisation qu'elle a créée que nous allons étudier paraît être plus heureusement conçue. Mais, comme nous le verrons dans un instant, la loi du 24 mai 1899 n'a pas abrogé la loi du 11 juillet 1868 ; elle a seulement restreint, dans des proportions considérables, il est vrai, le domaine de son application. La loi du 11 juillet 1868, dans le domaine réduit qui lui est conservé, reste toujours en vigueur avec toutes les imperfections, avec tous les vices que nous avons signalés et qui comporteraient une réforme urgente.

DEUXIÈME PARTIE

RÉGIME DE LA LOI DU 24 MAI 1899.

§ XXVI. — **Caractères de l'assurance contre les accidents sous l'ancienne législation des accidents industriels fondée sur l'art. 1382. C. C.**

L'assurance contre les accidents industriels, née sous
le régime du code civil, s'était développée peu à peu en
corrélation avec le développement de l'industrie elle-
même. L'introduction dans l'industrie d'engins mécani-
ques d'une puissance supérieure aux forces humaines, et
surtout le développement croissant de l'activité industrielle ont amené une augmentation progressive du nombre des accidents. Cette augmentation du nombre des
accidents avait eu pour conséquence directe la multiplication des actions en responsabilité dirigées contre les
patrons, qui, lorsque la preuve de leur faute était apportée, se trouvaient exposés au paiement d'indemnités
ruineuses : dans cette situation l'assurance contre les

accidents s'était imposée, comme fournissant le moyen
de répartir entre les chefs d'industrie les charges résultant de l'exercice des actions en responsabilité.

Le caractère essentiel de l'assurance industrielle,
même avant la loi du 9 avril 1898, qui a mis dans tous les
cas à la charge du patron la réparation des accidents,
était celui d'une assurance de responsabilité patronale.
Ce n'est pas que la pratique ignorât les assurances d'indemnité ou de réparation stipulant le paiement à l'ouvrier d'une somme fixée d'avance, quelle que fut la cause
de l'accident, alors même qu'il y aurait eu faute de la
part de l'ouvrier, ou simplement cas fortuit ou de force
majeure dont en principe le patron n'avait pas à répondre.
Mais si l'assurance d'indemnité était fréquemment réunie
à l'assurance de responsabilité, à tel point que souvent
les assurances se trouvaient englobées dans une seule et
même police, elle ne constituait en réalité qu'un moyen
détourné d'atténuer la responsabilité du patron. En cas
d'accident, la compagnie, sans rechercher si l'accident
était ou non fortuit, ou dû à la faute de l'ouvrier ou à
celle du patron, commençait par offrir à la victime l'indemnité stipulée par l'assurance d'indemnité. Si la victime acceptait l'indemnité offerte, elle renonçait par là
même à toute demande de réparation ; si elle ne s'en
contentait pas, estimant que l'accident était dû à la faute
du patron, elle se trouvait dans la nécessité d'intenter
un procès en responsabilité ; il est évident que dans un
grand nombre de cas, la perspective d'un procès devait

déterminer l'ouvrier à accepter l'indemnité contractuelle, et c'est à ce point de vue que l'on peut dire que l'assurance d'indemnité, essentiellement distincte par son objet comme par sa cause de l'assurance de responsabilité, n'avait en réalité d'autre but que de mettre le patron à l'abri de l'action en responsabilité.

Les contrats d'assurance d'indemnité contenaient habituellement une clause d'option, mettant l'ouvrier en demeure de choisir entre l'action en responsabilité personnelle fondée sur le droit commun et la faculté d'obtenir de l'assureur l'indemnité conventionnellement établie. L'existence d'une pareille clause démontre de la façon la plus manifeste que l'assurance d'indemnité n'était dans l'esprit du patron assuré comme de la compagnie d'assurances qu'un moyen préventif opposé à l'action en responsabilité dirigée contre le patron : en effet, si l'ouvrier acceptait l'indemnité, il devenait non recevable à agir en responsabilité contre le patron, d'autre part il se trouvait moralement contraint d'accepter puisqu'il était déchu du bénéfice de l'indemnité contractuelle par le seul fait de l'exercice d'une action en dommages-intérêts, dont l'issue était ordinairement douteuse ; il devait être peu tenté d'abandonner le certain pour l'incertain.

La jurisprudence a déclaré la clause d'option illicite, comme tendant à infliger à l'ouvrier une déchéance, et à faire varier l'étendue de ses droits, par le seul effet de l'exercice d'une action en justice, où l'on ne pouvait cependant saisir le germe d'aucune intention renonciatrice et encore moins le principe d'aucune faute de nature à justifier une forclusion d'aucune sorte. Mais cette jurisprudence n'empêchait pas que l'exercice de l'action en responsabilité ne fut souvent paralysée chez l'ouvrier par la crainte d'une condamnation aux frais, dépens, qui auraient notablement diminué pour lui le bénéfice de l'indemnité contractuelle. En tous cas l'existence habituelle de la clause d'option dans les contrats d'assurances constitue à elle seule, et indépendamment de l'efficacité juridique de cette clause un fait de nature à mettre en évidence le but poursuivi par les parties.

C'est seulement au cas où l'ouvrier se risquait à affronter les risques d'un procès que la police de garantie de responsabilité civile entrait en jeu ; en général c'était la compagnie qui soutenait le procès au nom du patron ; dans tous les cas elle était tenue de supporter jusqu'à concurrence de la somme fixée par le contrat, les dommages-intérêts alloués par le tribunal à la victime de l'accident.

La meilleure preuve qu'en fait l'assurance contre les accidents industriels, aussi bien sous forme d'assurance d'indemnité que sous forme d'assurance de responsabilité, n'intervenait que dans l'intérêt du patron, résulte au surplus de ce que la police était toujours souscrite par le patron sans la participation de l'ouvrier. La pratique n'a jamais connu que l'assurance collective, contractée par le chef de l'établissement et englobant la collectivité

de ses ouvriers ; dans le domaine de l'industrie, l'assurance individuelle n'a jamais eu qu'une existence théo-
rique, l'esprit de prévoyance étant encore trop peu déve-
loppé chez les ouvriers, pour qu'ils eussent l'idée de se
prémunir contre l'effet dommageable de leurs risques
personnels.

L'objet essentiel de l'assurance contre les accidents,
même sous le régime antérieur à la loi du 9 avril 1898,
consistait donc dans la garantie directe ou indirecte de
la responsabilité patronale. Nous devons signaler,
qu'en laissant de côté les assurances de responsabilité le législateur de 1868 avait commis une erreur
grave, qui avait été une des causes multiples, auxquelles doit être attribué l'insuccès de la Caisse nationale en cas d'accidents, dans le système du code civil,
comme dans le système actuel, une institution d'assurance ne pouvait vivre qu'à la condition de pratiquer
l'assurance de responsabilité patronale.

L'assurance contre les accidents n'ayant d'autre mobile
que le désir fort naturel, chez le patron, de limiter sa
responsabilité, son extension devait être en rapport direct
avec la conscience plus ou moins nette que le patron
aurait de cette responsabilité. Le patron qui, en fait, a
seul, l'initiative du contrat, ne songera à s'assurer que si
la probabilité d'accidents, pouvant entraîner pour lui des
conséquences pécuniaires, soit à raison de la gravité, soit
à raison de la multiplicité des accidents, lui apparaît avec
une netteté suffisante pour légitimer ses préoccupations.

A ce point de vue, le système du Code civil était peu favorable à une très grande extension des opérations d'assurances, surtout parmi une catégorie de patrons. En cas d'accident, le code civil n'admettait en effet que dans un nombre de cas proportionnellement restreint la responsabilité du patron. « Sous l'empire du Code civil, « dit la circulaire ministérielle du 24 Aout 1899 (*Journal* « *officiel*, 25 Aout 1899, p. 5759), qui dégage avec une « grande netteté les principes de la législation nouvelle, « l'ouvrier n'a qu'un recours exceptionnel et incertain « contre les risques que comporte pour lui la production et « que l'extension incessante du machinisme et des grandes « agglomérations ouvrières va multipliant sans cesse « chaque jour. Blessé ou mortellement atteint, il n'a « droit à une indemnité que s'il a réussi à démontrer que « le patron a commis une faute. Victime de sa propre « imprudence, si l'on peut appeler de ce nom l'insou- « ciance inévitable qu'amène avec soi l'habitude du péril « et l'intensité toujours croissante du travail, il se voit « refuser par la loi tout dédommagement ; victime « d'un de ces cas fortuits qui n'engagent aucune respon- « sabilité définie et qui représentent plus de la moitié « des accidents industriels, il est privé de tout recours. « Victime même d'une négligence ou d'une faute « caractérisée au patron, il lui faut en faire la « preuve judiciaire, dans le dénuement qui suit l'acci- « dent, malgré son inexpérience de la procédure, malgré « les difficultés qu'il éprouve à obtenir le témoignage

« de camarades appelés à déposer contre le patron, Bref,
« sur dix accidents, à peine un ou deux donnent-ils
« ouverture à une pleine réparation ».

Ainsi, dans les circonstances les plus défavorables au
patron, c'est à peine si deux fois sur dix, que l'accident
engageait sa responsabilité. On conçoit dès lors que,
dans la petite industrie, où chaque exploitation ne
comporte qu'un nombre restreint d'ouvriers, et où par
suite, les accidents ne se produisent qu'à de rares
intervalles, la possibilité d'une responsabilité effective
apparût au patron comme tellement improbable, qu'elle
pouvait être sans inconvénient négligée. Le petit
patron avait peu de tendance à s'assurer pour se mettre
à l'abri d'un danger dissimulé dans un avenir lointain ;
il lui semblait pénible de s'astreindre à un sacrifice
immédiat dont la contre partie lui semblait hypothétique.
Aussi, l'assurance contre les accidents ne s'est-elle vulgarisée que dans la grande et la moyenne industrie, où
l'emploi d'un personnel nombreux ayant pour conséquence
des accidents plus fréquents, mettait plus souvent en
jeu la responsabilité du patron. La grande et la moyenne
industrie, seules avaient organisé la prévoyance des
accidents, soit en apportant leur clientèle aux compagnies
d'assurances, soit en créant des caisses d'assurances
mutuelles.

La plupart des petits patrons n'étaient pas assurés ;
situation profondément regrettable, car l'assurance contre
les accidents est encore plus nécessaire dans la petite

industrie que dans la grande; si en effet, dans la grande industrie, les indemnités dues pour accidents pouvaient être considérées, à moins de circonstances exceptionnelles, comme une charge annuelle et normale de l'exploitation, à laquelle le chef d'industrie était en mesure de faire face au moyen de ses seules ressources, chez le petit patron un accident grave, donnant lieu à une forte indemnité, pouvait amener la faillite, tandis que l'ouvrier, victime de l'accident, placé en présence d'un débiteur insolvable, était de son côté condamné à la misère.

§ XXVII. — Système de la loi du 9 Avril 1898, fondé sur le risque professionnel. Rôle essentiel de l'assurance dans ce système.

La loi du 9 Avril 1898, sur la responsabilité des accidents du travail, a eu pour conséquence indirecte d'imposer l'assurance contre les accidents à tous les chefs d'industrie, sans distinction entre la grande et la petite industrie ; elle n'a pas voulu décréter l'assurance obligatoire, mais suivant une expression très juste, « l'assurance obligée » (discours de M. Thevenet, Sénat, séance du 15 mai 1889. *Journal officiel*, Sénat, débats, p. 426) l'assurance devient le corollaire indispensable, le correctif nécessaire de l'aggravation de responsabilité imposée au patron. Il suffit, pour que cette idée apparaisse avec évidence, de jeter un coup d'œil rapide sur le système de

réparation des accidents organisé par la législation nouvelle.

Ce système a été imposé par la nécessité de mettre le
droit en harmonie avec les conditions nouvelles faites aux
travailleurs par l'industrie moderne. Le législateur a dû
tenir compte de l'aggravation des risques d'accidents qui
a été la conséquence de l'introduction d'engins et de
forces disproportionnées à celles de l'homme et de la
manipulation de matières dangereuses. Le changement
des conditions du travail devait amener une modification
dans les règles qui régissaient la responsabilité du
travailleur. C'est à cet ordre nouveau d'idées qu'a
répondu la théorie du risque professionnel (1).

On a considéré le risque des accidents, comme une des
conditions normales de l'exercice de la profession. Tout
accident donnera droit à une indemnité qui sera mise à
la charge de l'entreprise ; elle sera payée par le chef
d'entreprise qui est « naturellement responsable de l'aléa
« que court l'ouvrier dans sa profession, parce qu'il est
« le répartiteur naturel de toutes les charges de cette
« entreprise ; il est impossible de dire que cet aléa
« lui incombera personnellement à un autre titre que les
« frais généraux, que l'assurance contre l'incendie ».

_____

(1) L'idée du risque professionnel a été admise, au cours de ces
dernières années par la plupart des législations de l'Europe: Alle-
magne, 6 juillet 1884 ; Autriche, 28 décembre 1887 ; Norvège, 23 juillet 1894 ; Grande-Bretagne, 6 août 1897 ; Danemark, 15 janvier
1898 ; Italie, 19 mars 1898 ; Espagne, 1er février 1900. Belgique,
projet du 28 avril 1898.

(Félix Faure, Ch. des députés. Séance du 17 mai 1888. *Journal officiel*, débats, p. 1427.) L'accident considéré comme inévitable devient une des charges qu'implique nécessairement la profession et qui doit figurer parmi ses frais généraux ; « c'est l'entreprise qui assume la réparation de « l'accident occasionné par la production, comme tous « les autres frais de cette production et l'incorpore avec « eux au prix de revient. » (Circulaire ministérielle du 24 août 1899, précitée.)

Dès lors plus de recherches de la cause de l'accident, plus de litige sur la responsabilité : « l'ouvrier n'a plus « de risque personnel à subir, de preuves à administrer ; « comme son travail le constitue créancier du salaire, « tout accident du travail le fait créancier d'une indem- « nité. » (*Id.*)

Mais tandis que, dans le système du code civil, la réparation consistait dans la réparation intégrale du préjudice causé, au cas où l'ouvrier apportait la preuve de la faute du patron, les indemnités établies par la loi du 9 avril 1898 au profit des ouvriers victimes d'accident offrent une nature spéciale.

La responsabilité du patron, au lieu d'être pleine et absolue, est atténuée dans une large mesure, comme dans les espèces où la jurisprudence reconnaissait l'existence d'une responsabilité partagée.

En effet, s'il est fait abstraction, au point de vue du principe de l'indemnité, de la faute qui a pu être commise, le législateur pourtant en tient compte dans une sorte de compromis en admettant que, si l'ouvrier est toujours indemnisé, par contre l'indemnité mise à la charge du patron se trouve ramenée à une moyenne et reste inférieure à la réparation totale du préjudice causé ; l'indemnité est transactionnelle.

L'indemnité n'est pas seulement transactionnelle ; elle est également forfaitaire, en ce que la loi n'abandonne pas au juge l'appréciation du dommage : le législateur arbitre à l'avance l'indemnité à allouer, il la détermine selon les conséquences possibles des accidents, qu'il classe en quatre catégories, accidents ayant entraîné la mort, accidents ayant entraîné une incapacité permanente et absolue de travail, accidents ayant entraîné une incapacité permanente du travail de la profession, et accidents ayant entraîné une simple incapacité de travail temporaire.

« Transaction et forfait aussi profitables à l'ouvrier « qu'au patron, puisqu'ils indemnisent l'un de tout « accident du travail, en même temps qu'ils ménagent « à l'autre la possibilité de calculer à l'avance sa dette « éventuelle. » (Circulaire du 24 août 1899, précitée).

Il est évident qu'un pareil système est essentiellement favorable aux combinaisons d'assurances ; d'une part, en effet, il fait naître chez le patron un sentiment plus net de sa responsabilité ; ce n'est plus seulement une ou deux fois sur dix que le patron se verra obligé de payer cette indemnité ; il doit l'indemnité quelle que soit la cause de l'accident, sans pouvoir rejeter sur l'ouvrier l'obligation d'une preuve difficile, dont l'insuffisance lui permettait autrefois de résister la plupart du temps avec succès à une demande de dommages-intérêts. Du moment que les accidents inévitables dans l'industrie, ont pour inévitable conséquence le paiement d'une indemnité : il ne peut plus y avoir de patron qui soit tenté de se faire illusion sur l'étendue de sa responsabilité ; la multiplication énorme des chances d'indemnités, devenues corrélatives aux chances d'accidents, fera naître chez tous les patrons, aussi bien chez les plus modestes que chez les plus puissants, la conscience d'une charge effective, et non hypothétique certaine et non aléatoire, qui doit figurer désormais au nombre des charges normales et ordinaires de l'exploitation. Mais si, dans un établissement industriel déterminé, les accidents sont inévitables, leur succession, leur fréquence, leur gravité n'offrent rien de régulier ; la charge nouvelle imposée au patron est donc exposée à subir des variations considérables ; tantôt cette charge sera nulle, et les bénéfices de l'exercice se trouveront indument grossis ; tantôt, si une catastrophe survenue dans l'établissement atteint un grand nombre d'ouvriers, la charge deviendra subitement énorme et le patron pourra se trouver dans l'impossibilité de faire face au paiement des indemnités attribuées aux victimes. Le seul moyen de régulariser les charges du risque industriel, de les ramener à un taux raisonnable, d'en faire en un mot, une charge normale et ordinaire de l'exploitation, est fourni par l'assurance.

D'autre part il devait être d'autant plus facile, avec la législation nouvelle de recourir à l'assurance que l'indemnité est devenue forfaitaire ; il est possible de calculer avec plus de précision la dette éventuelle du patron et de donner aux tarifs de l'assurance une base plus sûre et au contrat un effet plus large. Dans la législation ancienne l'assurance ne pouvait garantir aux chefs d'industrie une exonération complète des charges de leur responsabilité éventuelle, car, dans l'impossibilité matérielle de calculer à l'avance le maximum des indemnités allouées par les tribunaux aux victimes d'accidents, les polices d'assurances arrêtaient à une somme déterminée, l'obligation dont l'assureur consentait à être tenu au lieu et place du patron, ce dernier restant son propre assureur pour le surplus. Dans le système actuel, au contraire, l'obligation du patron étant connue d'avance ou, tout au moins ne pouvant dépasser une certaine limite, l'assureur acceptera facilement de prendre le lieu et place du patron en l'exonérant complètement des charges de sa responsabilité.

Enfin la loi devait donner aux opérations d'assurances des garanties de sécurité exceptionnelles ; il ne fallait pas que le patron, après avoir versé pendant des mois, pendant des années peut-être, des primes d'assurances, se trouvât en présence d'un assureur insolvable. La loi devait mettre le patron à l'abri de ce risque, qui aurait pu entraver l'essor des opérations d'assurances, au détriment de l'industrie et même des finances publiques, puis-

9 B.

qu'il avait été admis qu'en cas d'insolvabilité du patron, le paiement serait effectué par l'Etat ; ce dernier avait donc un intérêt évident à imposer à l'assureur, qui prenait la charge de l'indemnité au lieu et place du patron, des conditions de solvabilité spéciales.

L'esprit général de la loi du 9 avril 1898 a été très nettement définie en ces termes « On a créé dans cette « loi un véritable droit nouveau, un risque nouveau, « dont on ne se dissimule pas l'importance, dont on avait « apprécié toute la gravité et qui devait être certaine- « ment une charge peut-être lourde pour l'industrie « nationale. Mais on s'est dit, en même temps, que cette « charge serait singulièrement allégée par les facilités « que l'on donnerait à l'industriel de s'assurer. On a dit « au patron ; sans doute le risque nouveau qui va peser « sur vous peut être en apparence disproportionné avec « vos forces individuelles ; mais si vous vous associez « dans des mutualités, si vous créez des syndicats de « garantie, si vous faites appel à cette force de l'associa- « tion qui est, à notre époque le grand levier de l'acti- « vité humaine, ces charges qui vous effraient, cesseront « de l'être, le risque sera de beaucoup diminué, car il « sera supporté en commun. Puis en même temps que la « loi créait le risque professionnel, elle en créait la contre « partie ; tout un système d'assurances était présenté « comme un corrollaire indispensable, nécessaire ». (M. Thévenet, séance du 15 mai 1899. Sénat. *Journal officiel*, débats, p. 426).

§ XXVIII. — **Combinaisons d'assurances proposées pour
faciliter l'application de la loi sur les accidents.**

Au cours de la longue élaboration dont la loi du 9 avril
1898 a été l'objet, l'organisation de ce système d'assurances a donné lieu à diverses combinaisons.

Le projet voté par la Chambre des députés le 10 juillet 1888 maintenait les sociétés d'assurances privées, en
se bornant à investir l'ouvrier d'un droit privatif sur
l'indemnité due par l'assureur ; en outre des facilités
nouvelles étaient créées pour permettre au patron, de
s'assurer à la Caisse nationale en cas d'accidents, établie
par la loi du 11 juillet 1868 et mise par une réorganisation complète en état de satisfaire à de nouvelles obligations. (*Journaal officiel*, Ch. des dép. Doc. parl., 25 février
1892, annexe n° 1926, p. 324, titre III, de l'assurance sous
la garantie de l'Etat, art. 35 à 49) soit pour leur permettre de se former en groupements dits « Syndicats
d'assurance mutuelle » fondés sur le principe de la répartition des risques entre les associés.

Le projet voté par le Sénat, le 20 mai 1890 (*Ib.* 327)
conférait aux syndicats professionnels la faculté de constituer des caisses d'assurances mutuelles et astreignait
les compagnies d'assurances privées à une réglementation
préventive ; mais ce projet élimine toute organisation
nouvelle de l'assurance par l'Etat et en particulier toute
réorganisation ou extension de la Caisse instituée par la
loi du 11 juillet 1868.

Dans le projet voté par la Chambre des députés le 10 juin 1893 (*Journal officiel*, Sénat, Doc. parl., 1893, n° 233, p. 488) nous trouvons le principe de l'assurance obligatoire ; les compagnies privées d'assurances, à primes fixes ou mutuelles, étaient passées sous silence ; le projet établissait une organisation nouvelle de l'assurance comprenant plusieurs formes entre lesquelles les chefs d'industrie devaient nécessairement opter et dont la principale était la formation de circonscriptions d'assurances mutuelles, auxquelles les chefs d'industrie se trouvaient légalement affiliés, à moins qu'ils ne préférassent rester leur propre assureur sous la forme particulière de l'assurance individuelle ou syndicale.

Enfin le projet voté par le Sénat du 24 mars 1896 ne contenait plus que l'extension du privilège des art. 2101 et 2104 du Code civil au paiement des indemnités et le principe d'une réglementation ou surveillances des opérations des compagnies d'assurances.

§ XXIX. — Combinaison adoptée par la loi du 9 avril 1898.

La loi du 9 avril 1898 a définitivement écarté l'assurance obligatoire. En principe les chefs d'industrie restent entièrement libres de s'assurer ou d'assumer personnellement la responsabilité pleine et entière de leurs obligations. En fait cependant la prudence la plus élémentaire exige qu'ils soient assurés ; le législateur devait leur fournir le moyen de réaliser leurs assurances dans les conditions les moins onéreuses et avec des garanties sérieuses de sécurité.

Sans doute les opérations d'assurances sont abandonnées à l'initiative privée ; elles peuvent être effectuées, soit par les compagnies d'assurances à primes fixes, soit par les sociétés mutuelles constituées par les intéressés eux-mêmes sous forme de caisses syndicales, ou de sociétés de secours mutuels ; soit enfin par les syndicats de garantie. Mais toutes ces opérations sont réglementées et soumises à une surveillance et à un contrôle, dont il appartenait à l'autorité publique, d'assumer la charge, les intéressés étant hors d'état de vérifier par eux-mêmes la solidité des institutions, sociétés ou mutualités, s'offrant à les garantir.

Les sociétés d'assurances à primes fixes restent libres de fixer à leur gré les conditions auxquelles elles entendent fournir leur garantie, elles restent maîtresses de leurs tarifs. c'est-à-dire du prix de leurs services ; mais elles sont astreintes, du moins lorsqu'elles pratiquent, dans les termes de la loi du 9 avril 1898, l'assurance contre le risque des accidents de travail, ayant entraîné la mort ou une incapacité permanente (décret du 28 février 1899, art. 1er), à fournir un cautionnement, à constituer des réserves mathématiques, représentant le capital des rentes et pensions dues aux victimes d'accidents, et à la surveillance et au contrôle de l'État dans les conditions déterminées par un règlement d'administration publique. Ce règlement est intervenu à la date du 28 février 1899. (V. aussi : Arrêté du 29 mars 1899 déterminant les bases des cautionnements que doivent constituer les sociétés d'assurances contre les accidents du travail. — Arrêté du 5 mai 1899 réduisant le montant du cautionnement exigible des sociétés d'assurances agricoles, viticoles et forestières).

Les mutualités d'assurances contre les accidents constituées, soit par association ou groupement établi entre industriels appartenant ordinairement à un groupement patronal préexistant, soit par l'action propre des sociétés de secours mutuels, sont en principe assimilées aux sociétés d'assurances à primes fixes, au point de vue des garanties légales. Le décret du 28 février 1899 les soumet aux mêmes obligations en ce qui concerne le versement des cautionnements, la constitution des réserves mathématiques et le contrôle de l'administration, en conformité du texte de l'article 27, alinéa 1, de la loi du 9 avril 1898. Les sociétés d'assurances mutuelles bénéficient cependant de quelques dispositions de faveur ; le cautionnement qu'elles ont à fournir est réduit de moitié à une triple condition: 1° que la société n'assure que tout ou partie des risques prévus par l'art. 3 de la loi du 9 avril 1898 ; 2° qu'elle assure exclusivement les ouvriers d'une même profession, ou d'un même groupe de professions; 3° que la contribution annuelle dont chaque sociétaire est passible soit établie sur les bases fixées par arrêté du Ministre du commerce (décret du 28 février 1899, art. 6).

Le rôle particulier des caisses annexées aux sociétés de secours mutuels paraît être d'aider les patrons de la petite industrie à remplir leurs obligations légales. Dès 1894, M. Cheysson proposait au congrès de Milan, réuni par le congrès international des accidents du travail, l'organisation de sociétés de secours mutuels contre les accidents qui seraient spécialement destinées aux ouvriers des artisans, des boutiquiers, en un mot des petits industriels. « Quant on voit, disait-il, de telles sociétés, « quoique composées d'éléments qui, envisagés un à un, « seraient impuissants et débiles, se montrer capables « de faire tête aux graves exigences de l'assurance « contre la maladie et contre la vieillesse, comment « leur dénierait-on la même aptitude en matière d'acci-« dents. » (Cheysson. Discours au congrès de Bruxelles p. 765).

Le législateur est entré dans la voie qui lui était tracée ; la loi du 1er avril 1898 a fait sortir les sociétés de secours mutuels du rôle effacé où les confinait l'ancienne législation ; elle les autorise à constituer des caisses autonomes ayant pour mission de réaliser l'assurance contre les accidents, soit à l'état indépendant et isolé, soit en unions réunissant des caisses similaires et dotées d'une puissance d'action qu'elles n'auraient su réaliser par leurs propres forces, lorsqu'elles ne comptent qu'un. nombre restreint d'adhérents.

Les sociétés de secours mutuels sont donc autorisées à passer avec les chefs d'entreprise des conventions à l'effet de prendre à forfait la charge de payer à ceux de leurs membres participants occupés par ces chefs les indemnités prévues par la loi en cas d'incapacité temporaire de travail ou même d'incapacité permanente et de mort. (Arrêté du 16 mai 1899, art. 1er.) Les allocations des chefs d'entreprise sont calculées en vue de couvrir entièrement les charges supplémentaires qu'assument les sociétés en vertu de pareilles conventions (art. 4.) La loi met les indemnités allouées en cas d'accidents à la charge du patron seul ; l'ouvrier n'est en aucune façon tenu d'y contribuer ; si les sociétés de secours mutuels prennent le paiement de ces sommes à leur compte ; c'est au patron que le contrat profite ; c'est donc lui qui doit pourvoir aux dépenses supplémentaires nécessitées par le service des indemnités d'accidents.

Enfin, au lieu de traiter avec les sociétés d'assurances à primes fixes, de s'affilier avec des sociétés d'assurances mutuelles ou de contracter avec des sociétés de secours mutuels, les patrons peuvent constituer entre eux des syndicats de garantie. (Loi du 9 Avril 1898, art. 24.)

Les syndicats de garantie diffèrent essentiellement des sociétés d'assurances mutuelles : tandis que ces derniers n'exigent rien de leurs adhérents en dehors des cotisations périodiques, fixées suivant les dispositions statutaires, le syndicat de garantie impose à ses adhérents l'obligation solidaire d'acquitter au moment de leur exigibilité les indemnités mises à leur charge à la suite d'accidents ayant entraîné la mort ou une incapacité

permanente de travail. Cette obligation de solidarité
impose une responsabilité fort lourde aux membres du
syndicat; une pareille combinaison n'est réalisable
qu'entre industriels d'une solvabilité sérieuse et solide
et ne présentant d'ailleurs que des risques moyens. La
grande industrie seule pourra réunir ces conditions; dans
l'esprit du législateur, c'est à elle qu'est réservée cette
forme de garantie. Aux termes du décret du 28 février
1899, les syndicats de garantie doivent comprendre au
moins 5000 ouvriers assurés et 10 chefs d'industrie adhérents dont cinq ayant au moins chacun 300 ouvriers
(art. 22). Les statuts du syndicat doivent être approuvés
par un décret du Conseil d'Etat (art. 23).

Les syndicats de garantie sont soumis comme les
sociétés d'assurances à la surveillance et au contrôle du
gouvernement (loi du 9 avril, 1898 art. 27), mais, en
considération de la solidarité qui lie leurs membres, ils
sont dispensés de fournir un cautionnement et de constituer le capital représentatif des pensions ou rentes
dues aux victimes d'accidents.

§ XXX. — **Lacune de cette organisation. Monopole de fait
qui en résultait pour les compagnies d'assurance à
prime fixe pendant les premiers temps d'application de
la loi.**

Cette organisation présentait une lacune, dont la gravité devait se faire sentir de la manière la plus sensible

au moment de la mise en application de la loi. Aux termes de son art. 33, la loi n'était applicable que trois mois après la publication officielle des décrets d'administration publique qui devraient en régler l'exécution. Ces réglements d'administration publique au nombre de deux sont intervenus à la date du 28 février 1899 ; il en résultait que la loi devenait applicable à partir du 1er juin 1899. Pendant ce délai de trois mois, on pensait que les patrons pourraient se mettre en mesure de faire face aux obligations qui leur étaient imposées, soit pour la constitution de mutuelles ou de syndicats de garantie, soit pour la souscription de polices d'assurances.

Le délai de trois mois était déjà bien court : en fait il se trouva encore réduit. Le décret d'administration publique du 28 février 1899, qui traitait la question des assurances, était loin d'être complet; il renvoyait à des arrêtés ministériels le soin de régler les barèmes, la classification des industries, les cautionnements, c'est-à-dire la partie la plus importante. Ce procédé peut paraître d'une légalité douteuse; on peut se demander si le conseil d'Etat avait le droit de passer la main au Ministre du commerce et de le charger de faire, en son lieu et place le règlement d'administration publique voulu par le législateur. Ce qu'il y avait de certain, c'est que le règlement ne se suffisait pas à lui-même et qu'il serait resté lettre morte sans les arrêtés ministériels destinés à le compléter. Ces arrêtés n'ont été rendus qu'au bout d'un mois ou deux : c'est ainsi que nous trouvons le

29 mars un arrêté déterminant les bases des cautionnements qui doivent constituer les sociétés d'assurances
du travail(*Journal officiel*, 2 avril), le 30 mars un arrêté
déterminant les primes prévues tant par le décret du
28 février 1899, art. 6, que par l'arrêté du 29 mars, art. 2,
ce sont les primes dont les sociétés d'assurances mutuelles ont à tenir compte dans la fixation du taux des cotisations, ou dont la valeur sert à calculer le montant du
cautionnement que doivent fournir les sociétés d'assurances à primes fixes ou mutuelles (*Journal officiel*
2 avril). Le 8 avril est publié au *Journal officiel*,
un arrêté déterminant le barême minimum pour la
vérification des réserves mathématiques des sociétés
d'assurances ; le même jour un arrêté déterminant
les groupements d'industrie prévus par les décrets du
28 février 1899, et qui autorise la réduction du cautionnement des sociétés d'assurances mutuelles (*Journal
officiel*, 8 avril). Un arrêté du 5 mai complétant les arrêtés
des 29 et 30 mars est promulgué le 7 mai ; enfin c'est le
17 mai qu'est promulgué au *Journal Officiel* un arrêté
du 16 mai relatif aux statuts types à insérer dans les statuts de sociétés de secours mutuels qui se proposent de
contracter avec les chefs d'industrie dans les conditions
spécifiées par l'art. 5 de la loi du 9 Avril 1898. Quinze
jours à peine séparaient cet arrêté du moment fixé pour
la mise en application de la loi.

Comment pouvait-on dire aux patrons ; constituez vous
en mutuelles qui vous permettront d'échapper aux exi-

gences d'intermédiaires onéreux : « La création d'une
« mutuelle, disait avec raison M. Thévenet, (Sénat,
« débats, 1899, p. 426, séance du 15 mai) est souvent
« malaisée, lorsqu'elle se trouve, dans un domaine nou-
« veau, encore inexploré jusqu'à ce jour. L'organisation
« d'une mutuelle suppose en effet, non seulement le
« principe d'une assurance, mais encore une fusion de
« tous les cœfficients de risques spéciaux à chaque indus-
« trie et une répartition équitable entre tous les mutua-
« listes ; et, pour réaliser ce qui doit être une mutuelle,
« dans le sens de la loi du 9 avril 1898 et des décrets
« qui en règlent l'application, il faut du temps, des
« efforts et le concert préalable d'un grand nombre de
« personnes, en un mot de tous les mutualistes. Il est
« nécessaire qu'ils se réunissent en assemblée et délibè-
« rent sur leurs intérêts. »

Il fallait en outre des capitaux et des capitaux considérables ; la loi exigeait des sociétés d'assurances mutuelles
un cautionnement dont le maximum était fixé par l'arrêté du 29 mars 1899 à 400.000 francs, sauf dans certains cas exceptionnels ou ce maximum pouvait être
réduit de moitié (association par groupements d'industrie), ou même des neuf dizièmes (associations agricoles,
viticoles et forestières.) Comment deux ou trois cents
petits patrons pouvaient-ils, dans un délai aussi court,
fournir 400.000 fr. pour créer une mutuelle départemen-
tale et verser en même temps d'avance une prime
annuelle fort élevée ? Cela représentait pour eux une

avance de plusieurs milliers de francs, qu'un grand nombre d'entre eux était incapable de supporter.

La constitution des syndicats de garantie, présentait des difficultés tout aussi insurmontables. Les syndicats de garantie reposent sur la base de la solidarité entre tous leurs membres : Il faut donc une entente entre les industriels intéressés supposant une confiance réciproque, nécessitant la confection de statuts et de règlements ; ces statuts et règlements doivent être soumis à l'approbation du Conseil d'État. Ce n'est pas en quelques semaines, en quelques jours que de telles organisations pouvaient être réalisées. Rappelons du reste que les syndicats de garantie sont soumis à des conditions particulières telles que l'adhésion de 10 chefs d'industrie au moins, dont cinq ayant au moins 300 ouvriers, et réunissant en tout au moins 5000 ouvriers ; ces conditions n'étaient accessibles, qu'à la grande industrie, c'est-à-dire à la catégorie la moins nombreuse des patrons.

C'était mettre les industriels dans la nécessité de subir les exigences des compagnies d'assurances à primes fixes. Seules les compagnies avaient été prêtes, dès le lendemain de la promulgation des décrets, à faire souscrire leurs polices ; elles constituaient une corporation puissante, peu nombreuse ; les exigences des règlements d'administration publique avaient fortifié leur situation, en éliminant les compagnies secondaires, qui n'avaient pu fournir leur cautionnement ou qui avaient reculé

devant les conditions rigoureuses imposées par les
décrets, soit en ce qui concerne la constitution des réserves mathématiques, soit en ce qui concerne la surveillance et le contrôle de l'administration. Une dizaine de
compagnies se trouvait investie d'un monopole de fait,
qui allait s'exercer au détriment du public. N'ayant
encore à redouter ni la concurrence des mutualités, ni
celle des syndicats de garantie, les compagnies d'assurances, restées maîtresses de leurs tarifs, crurent le
moment venu de profiter de leur situation. Elles portèrent
ces tarifs à un taux excessif, hors de proportion avec les
charges que pouvaient leur imposer les nouveaux contrats ; c'est ainsi qu'elles arrivaient à demander pour la
scierie mécanique jusqu'à 11 %, pour l'industrie du
bois de construction avec scierie 11 % ; pour la menui-
serie avec outillage mécanique 7 %, pour l'entreprise
général du bâtiment 5,75 % ; pour les mécaniciens gros-
ses pièces 5 % petites pièces 4 % ; alors qu'en Alle-
magne l'assurance pour la conduite des voitures n'était
que de 2,62 %, et en Autriche, pour l'industrie des car-
rières 3,56 %. (*Journl Officiel*, discours de M. Groussier,
séance du 16 mai 1899. Ch. des députés, débats, p. 1385.)

La manifestation de pareilles exigences souleva une
vive émotion : l'industrie était hors d'état de supporter
une charge aussi onéreuse qui aurait pu compromettre
sa prospérité pour de longues années ; car les compagnies
ne se contentaient pas d'imposer des tarifs élevés, elles ne
consentaient que des assurances de longue durée, en général dix ans, cinq ans tout au moins.

En outre, les compagnies d'assurances émettaient la prétention d'obliger les chefs d'industrie à continuer les contrats d'assurance, qu'ils avaient souscrits sous l'empire de la loi antérieure ; elles déclaraient qu'elles ne les délieraient de cette obligation, qu'autant qu'ils consentiraient à s'assurer auprès d'elles contre les risques mis à leur charge par la loi nouvelle ; cette prétention pouvait sembler étrange ; il existait bien évidemment un défaut absolu de concordance entre le système d'indemnisation adopté par la pratique de l'assurance et la loi du 9 avril 1898, et on aurait pu croire, dès lors que les polices d'assurances antérieures à la loi nouvelle étaient devenues sans objet comme ayant perdu toute utilité.

Néanmoins, un jugement du tribunal civil de la Seine du 18 mai 1899 (*Gaz. Palais*, 20 mai 1899) avait admis la prétention des compagnies ; cette jurisprudence avait pour résultat de supprimer pour les chefs d'industrie le droit de discuter en pleine liberté les conditions des nouveaux contrats et les condamnait à subir les exigences draconiennes des compagnies. C'est seulement à la date du 29 juin 1899 qu'une loi, émanée de l'initiative parlementaire, a déclaré résiliables pendant le délai d'un an, au gré de chacune des parties, les contrats d'assurances antérieurs à la loi du 9 avril 1898.

Un mouvement général de protestation s'éleva, parmi les patrons, en vue d'obtenir des pouvoirs publics l'ajournement de la mise à exécution de la loi, jusqu'à ce qu'un moyen plus efficace, ou en tous cas, plus maniable

que les mutualités ou les syndicats de garantie, fut
mis à la disposition des industriels, pour leur permettre de lutter contre les prétentions abusives des intermédiaires.

§XXXI. — **Nécessité d'une institution d'Etat : ayant pour
fonction de régulariser le prix des assurances. La loi du
24 mai 1899 étendant les opérations de la Caisse nationale d'assurances en cas d'accidents aux risques prévus
par la loi du 9 avril 1898.**

Le moyen de réduire les exigences des compagnies ne
pouvait être que l'institution d'une Caisse d'Etat, qui
aurait pour mission, non pas de faire aux compagnies
une concurrence ruineuse à l'aide des deniers publics,
mais de ramener le prix de l'assurance à son taux normal,
résultant de la corrélation qui existe entre la proportion
des accidents dans chaque industrie et le chiffre des
indemnités à payer.

La Caisse d'assurances en cas d'accidents, telle qu'elle
avait été établie par la loi du 11 juillet 1868, ne pouvait
en aucun titre remplir ce rôle ; nous avons énuméré les
imperfections nombreuses et les vices essentiels qui
avaient annihilé cette institution ; ce n'était pas un instrument aussi défectueux qui pouvait donner à l'industrie le moyen cherché. Il était tout au moins indispensable de réorganiser complètement cette institution
pour la mettre en harmonie avec la loi du 9 avril
1898.

Cette nécessité s'était déjà fait sentir pendant la longue période de préparation de la loi. C'est ainsi que le projet voté par la Chambre des députés le 10 juillet 1888 contenait un titre VI, art. 35 à 49, consacré à l'assurance sous la garantie de l'Etat. Dans le projet voté par la Chambre des députés le 28 octobre 1897 art. 24, c'était la Caisse qui était chargée de pourvoir au service des pensions et de centraliser les capitaux nécessaires à cet objet, système dangereux, car en constituant l'Etat débiteur des rentes servies aux victimes d'accidents, il eut mis à sa charge la responsabilité de la gestion de capitaux énormes, la baisse éventuelle du taux de l'intérêt, en un mot tous les aléas de l'avenir.

La commission de la Chambre des députés en 1898, avait une idée plus juste du rôle que l'Etat peut et doit assumer, en se bornant à réclamer la réorganisation de la Caisse dans le but de fournir aux patrons, qui n'auraient point trouvé asile dans les mutuelles ou dans les syndicats de garantie ou qui auraient été rebutées par les prétentions des compagnies d'assurances, le moyen de s'assurer à des conditions acceptables. Réduite à ces termes, la réforme réclamée par la commission était indispensable ; il était en effet facile de prévoir la situation qui allait se produire au lendemain de la promulgation de la loi et de la prévenir en mettant l'assurance par l'Etat à la portée de l'industrie ; c'était à n'en pas douter, une condition essentielle de l'application de la loi nouvelle. Le gouvernement avait pris à cet

égard des engagements précis, que le rapport de
M. Maruéjouls, à la Chambre des députés (*Journal
Officiel*, Ch. des dép., doc. parl. 1898, 24 mars, p. 930)
rappelait en ces termes : « La promesse de la réorganisa-
« tion de la Caisse des accidents faite à la tribune du
« Sénat par le ministre du Commerce et qui a été renou-
« velée devant votre commission, pourra offrir aux chefs
« d'entreprise qui n'auraient pu s'assurer ou trouver
« place dans une association mutuelle, un refuge contre
« les exigences exagérées des intermédiaires et les risques
« résultant de la nouvelle loi »

Il eut été certainement préférable de faire figurer cette
réorganisation dans le texte même de la loi de 1898,
ainsi que l'avait fait le projet voté par la Chambre des
députés le 10 juillet 1888 ; car une fois la loi votée, le
gouvernement montra une négligence regrettable à tenir
ses promesses. Sans doute en septembre 1898, le gouvernement avisait officiellement la Caisse des Dépôts et
consignations qu'elle aurait à se préoccuper d'appliquer
aux accidents prévus par la loi de 1898 le régime de la
loi de 1868 ; mais cette institution avait apporté peu de
hâte dans ses études, à tel point qu'au commencement
de mai 1899, elle n'avait pas encore saisi le gouvernement des propositions législatives qui devaient être soumises aux pouvoirs publics et n'avait pas encore élaboré
le tarif qui était le complément indispensable de ces
propositions.

On était cependant à la veille de l'époque fixée pour

la mise à exécution de la loi. Nous avons déjà signalé la
situation difficile faite à l'industrie ; alors que toutes
facilités auraient dû lui être données pour modifier,
sans secousse, les conditions d'existence traditionnelle et
les adapter à l'état de choses nouveau, inconnu, qui allait
résulter de la réforme ; elle allait se trouver obligée de
supporter les charges de la loi sans être en mesure de
recourir utilement aux facultés légales, qui seules pouvaient rendre ces charges tolérables ; elle se trouvait
contrainte de subir les tarifs ruineux, imposés par les
compagnies d'assurances, que l'imprévoyance du gouvernement laissait entièrement maîtresse de la situation.

Quant au gouvernement, pris entre les réclamations
des patrons, qui demandaient avec insistance l'ajournement de la mise en application de la loi, jusqu'à ce que
cette application eut été rendue possible, et entre les
protestations des ouvriers, qui insistaient pour obtenir
le bénéfice immédiat des dispositions favorables contenues
à leur profit dans la législation nouvelle, il se trouvait
exposé à une sérieuse responsabilité. Il parvint à en
écarter les conséquences et à donner, d'une manière
assez heureuse, satisfaction aux intérêts divers en jeu,
en déposant sans retard le projet étendant les opérations
de la Caisse nationale d'assurances, et en hâtant le travail parlementaire et extra parlementaire de façon à permettre la mise en application de la loi sur les accidents
avec un retard d'un mois à peine sur la date primitivement fixée.

Le projet du gouvernement était déposé le 9 mai 1899, adopté à la Chambre des députés le 16 mai, par le Sénat le 20 mai ; la loi était promulguée le 24 mai. Elle portait que la loi du 9 avril 1898, ne serait appliquée qu'un mois après le jour ou la Caisse nationale d'accidents aurait publié ses tarifs au *Journal Officiel* et admis les industriels à contracter des polices, et où ces tarifs auraient été approuvés par décret ; il était dit, en outre, que les tarifs devaient être établis et que le décret approbatif devait intervenir avant le 1er juin 1899, de façon que l'application de la loi sur les accidents ne fut pas reportée au delà du 1er juillet.

Effectivement, dès le 27 mai, les tarifs, ainsi que le décret approuvant ces tarifs, étaient publiés au *Journal officiel*, et une note y annexée portait que les demandes des chefs d'entreprise, qui voudraient contracter une assurance seraient reçues à partir du 1er juin. L'ajournement dont était l'objet la mise à exécution de la loi sur les accidents ne dépassait pas un mois ; depuis le 1er juillet 1899 cette loi est entrée en vigueur.

L'élaboration de la loi du 9 avril 1898 avait duré près de 20 ans ; celle de la loi du 24 mai 1899 n'avait duré que quelques jours. Rarement une loi d'affaires a été l'objet d'une élaboration aussi rapide : rarement l'administration a apporté autant d'activité à en assurer l'exécution. Les périls de la situation parlementaire expliquent sans peine un résultat aussi remarquable.

La loi du 24 mai 1899 est fort brève dans son texte ;

indépendamment de la situation ci-dessus rappelée, qui détermine l'époque de la mise à exécution de la loi sur les accidents, la loi du 24 mai 1899, consiste en une disposition unique, aux termes de laquelle les opérations de la Caisse nationale d'assurances en cas d'accidents, créée par la loi du 11 juillet 1868, sont étendus aux risques prévus par la loi du 9 avril 1898, pour les accidents ayant entraîné la mort, ou une incapacité permanente, absolue ou partielle.

§ XXXIII. — Caractère des assurances instituées par la loi du 24 mai 1889 Assurances. Responsabilité

Les opérations nouvelles confiées à la Caisse d'assurances en cas d'accidents diffèrent entièrement par leur caractère des opérations auxquelles elle se livrait sous l'empire de la loi du 11 juillet 1868. Jusqu'alors la Caisse d'assurances en cas d'accidents ne pratiquait que l'assurance d'indemnité ou de réparation ; l'assurance avait pour effet de faire obtenir à la victime de l'accident une indemnité représentant à forfait le préjudice par elle éprouvé du fait de l'accident ; la Caisse n'était pas autorisée à accepter des assurances de responsabilité, garantissant la responsabilité du patron, telle qu'elle résultait des principes du droit civil.

La loi du 9 avril 1898, dans le domaine ou elle est applicable n'a laissé subsister comme possible que l'assurance de responsabilité. Sans doute, en théorie, rien

n'empêcherait l'ouvrier de souscrire de ses deniers une
sorte de contrat de capitalisation, par lequel il stipule-
rait à son profit, en cas d'accident, le paiement d'une
certaine somme qu'il recevrait en sus de l'indemnité mise
par la loi à la charge du patron ; en droit, un pareil
contrat serait à coup sûr parfaitement valable ; mais la
pratique pour des raisons déjà connues, l'ignorera toujours. L'ouvrier qui, avant la loi du 9 avril 1898, alors
que, dans la plupart des cas, il était sans droit à réclamer
une indemnité, ne pouvait se résoudre à souscrire personnellement un contrat d'assurance, soit par esprit d'imprévoyance, soit faute de ressources, y songera encore
moins, alors que la loi lui garantit une pension suffisante
pour ses besoins, quelle que soit la cause ou la nature
de l'accident et sans qu'il ait à s'imposer personnellement
aucun sacrifice. En fait, c'est le patron seul, auquel
incombe désormais la charge de l'indemnité qui aura
intérêt à se couvrir par un contrat d'assurance ; comme
dans tous les cas, il est déclaré responsable, l'assurance
qu'il souscrira ne pourra être qu'une assurance de responsabilité. Pour que la Caisse fut en mesure de rendre à
l'industrie les services que l'on attendait d'elle, il était
donc nécessaire qu'elle fut autorisée à recevoir des assurances de responsabilité.

§ XXXVIII **La loi du 24 mai 1899 n'abroge pas la loi du
11 juillet 1868. Domaine d'application de chacune de
ces lois.**

La loi du 24 mai 1899 n'a d'autre effet que d'étendre
les services de la Caisse à un genre nouveau d'assurances.
Elle n'abroge pas la loi du 11 juillet 1868 ; la Caisse
continue à recevoir des contrats d'assurances, dans les
conditions prévues par cette dernière loi.

Il est vrai que le domaine de la loi du 11 juillet 1868 se
trouve notablement restreint. L'assurance organisée par
la loi du 11 juillet 1868 était ouverte à toutes les personnes occupées dans les travaux de l'industrie ou de
l'agriculture, patrons ou ouvriers. Les assurances concernant les ouvriers de l'industrie, de beaucoup les plus
nombreuses, cesseront, comme n'offrant plus pour cette
catégorie d'assurés aucune utilité pratique d'être soumises au régime ancien ; il en sera de même des assurances agricoles, dans le cas exceptionnel d'accidents
survenus par suite de l'emploi de moteurs inanimés,
puisque la loi sur la responsabilité des accidents est applicable à cette hypothèse ; ces assurances auront nécessairement la forme d'assurances-responsabilité, dans les
termes prévus par la loi du 24 mai 1899.

Quant aux assurances agricoles en général, et aux assurances industrielles, contractées par les patrons en pré-
vision des accidents dont ils pourraient être personnellement victimes, qui échappent aux prévisions de la loi du

9 avril 1898 et restent soumises au droit commun, elles
continueront à être régies par les dispositions de la loi
du 11 juillet 1868. Ce point a été formellement établi au
cours de la discussion de la loi devant la chambre des
députés ; il fut reconnu que la loi du 11 juillet 1868 permettait toujours aux petits patrons et aux petits propriétaires de s'assurer eux-mêmes à la Caisse nationale pour
les accidents dont ils pourraient être victimes, et que rien
n'était changé au régime créé par la loi de 1868, tel qu'il
fonctionne actuellement.

On peut regretter qu'à cette occasion la loi du 11 juillet 1868, dont les imperfections étaient depuis longtemps
signalées, n'aient pas fait l'objet d'une refonte complète.
La précipitation avec laquelle a été élaborée la loi du
24 mai 1899 explique assez l'ajournement subi par une
réforme aussi indispensable.

§ XXXIV. — **Professions auxquelles l'assurance-responsabilité de la caisse nationale est applicable.**

Les professions pour lesquelles la Caisse assure la responsabilité patronale sont les professions définies par
l'art. 1er de la loi du 9 avril 1898, c'est-à-dire, d'une façon
générale, toutes les professions industrielles et les professions agricoles, seulement dans la mesure où elles font
usage de machines actionnées par une force autre que
celle de l'homme ou des animaux.

A l'égard de cette dernière catégorie, il ocnvient de

tenir compte de la loi interprétative du 30 juin 1899,
qui, pour prévenir les craintes d'une interprétation exten-
sive de la loi du 9 avril 1898, au détriment de l'agriculture, a mis les accidents occasionnés par l'emploi de
machines agricoles mues par des moteurs inanimés et
dont sont victimes, par le fait ou à l'occasion du travail,
les personnes, quelles qu'elles soient, occupées à la conduite ou au service de ces moteurs ou machines, à la
charge exclusive de l'exploitant du dit moteur.

Remarquons en passant que les personnes auxquelles
la loi du 30 juin 1899 reconnaît le droit à une indemnité,
à raison d'accidents occasionnés par l'emploi de machines
agricoles mues par des moteurs inanimés, ne sont pas
seulement les employés salariés, occupés à la conduite ou
au service de ces moteurs ou machines, mais les personnes quelles qu'elles soient, qui, à un titre quelconque
ont été appelées à fournir leur concours aux opérations
accomplies par les machines, par exemple, dans le cas
d'une batteuse, le propriétaire cultivateur, ses amis ou
ses voisins, dont le concours n'est pas rénuméré par l'entrepreneur de battage, ou le personnel mis par le propriétaire à la disposition de l'entrepreneur. Ces personnes
bien que n'étant pas des ouvriers, au sens exact du mot,
bénéficient du système d'indemnisation que la loi du
9 avril 1898 avait restreint en principe aux rapports entre
ouvriers et patrons. Par voie de conséquence, les accidents
survenus aux personnes quelconques, employées à la
conduite ou au service des moteurs ou machines agricoles,

alors même que ce ne sont point des ouvriers, pourront, par exception, figurer au nombre des risques assurés par la Caisse. C'est ce qui résulte formellement d'une note de l'administration de la Caisse du 20 août 1899 concernant l'assurance des accidents causés dans les exploitations agricoles par l'emploi des batteuses mues par des moteurs inanimés (*Journal Officiel*, 20 août 1899).

§ XXXV. — L'assurance, responsabilité de la Caisse Nationale ne couvre que les risques professionnels.

Les assurances de responsabilité organisées par la loi du 24 mai 1899 ont pour objet les risques prévus par la loi du 9 avril 1898.

Cette formule indique suffisamment que ces risques sont exclusivemeet des risques professionnels. La loi du 9 avril 1898, qui limite en effet la responsabilité patronale aux accidents survenus par le fait du « travail ou à l'occcasion du travail. »

La responsabilité sui généris, définie par la loi, n'étant pas mise en jeu, lorsque l'ouvrier est victime d'accidents survenus en dehors de l'exercice de sa profession, le patron n'est responsable vis-à-vis de lui, que comme il pourrait l'être vis-à-vis d'un tiers quelconque, dans les termes du droit commun, à la condition que sa faute, sa négligence ou son imprudence soit établie; rien ne l'empêche, si bon lui semble, de se couvrir de cette responsabilité tout à fait exceptionnelle par une assurance;

mais ce genre d'assurances reste au domaine des sociétés privées qui pratiquent depuis longtemps l'assurance des responsabilités que l'auteur d'un accident peut encourir vis-à-vis des tiers.

Il résulte également des termes de la loi que la Caisse ne garantit la responsabilité, même professionnelle, du patron, qu'à l'égard de ses ouvriers ou de ses employés. Le patron, dans l'exercice de sa profession, peut encourir des responsabilités à raison d'accidents survenus à des tiers, liés ou non à lui par un contrat; tel sera le cas d'un entrepreneur de transports de personnes. Les responsabilités de cette nature ne sont pas assurées par la Caisse nationale d'assurances en cas d'accidents; car elles sont complètement en dehors des prévisions de la loi du 9 avril 1898, et les assurances de responsabilité pratiquées par la Caisse concernent uniquement les risques prévus par cette loi.

§ XXXV. — L'assurance-responsabilité de la Caisse nationale ne couvre que les risques d'accidents ayant entraîné la mort ou une incapacité permanente de travail. Exclusion des accidents entraînant une simple incapacité temporaire.

Si les assurances pratiquées par la Caisse sont limitées aux risques prévus par la loi du 9 avril 1898, elles ne les embrassent pas néanmoins dans leur intégralité. La Caisse n'assure que les risques d'accidents, ayant entraîné la mort ou une incapacité permanente, absolue ou partielle; elle ne garantit dans aucun cas les chefs d'entreprise contre le risque des accidents entraînant une incapacité de travail temporaire (loi du 24 mai 1899, art. 1).

La question de savoir, si la Caisse assurerait intégralement les risques prévus par la loi du 9 avril 1898 ou laisserait au contraire en dehors de ses contrats les risques d'incapacité temporaire, a fait à la Chambre des députés, l'objet d'un vif débat dans la séance du 16 mai 1899 (*Journal officiel*, Ch. des dép., débats, p. 1389). Les partisans de l'assurance intégrale faisaient observer que l'incapacité temporaire était le risque le plus fréquent, le risque journalier qui menaçait constamment l'industriel et l'ouvrier; ils faisaient valoir que la faculté offerte aux patrons de compléter l'assurance limitée offerte par l'Etat au moyen d'une assurance de l'incapacité temporaire auprès des compagnies, des mutuelles ou des syndicats de garantie n'était qu'un leurre; que les syndicats de garantie, pas plus que les mutuelles, n'assureraient une partie du risque professionnel; de là pour l'industrie la nécessité de recourir aux compagnies à primes fixes, qui s'ingénieraient sans doute à créer pour les risques d'incapacité temporaires, un type spécial d'assurance, mais qui, bien évidemment, feraient payer chèrement leurs services. L'assurance par l'Etat ne rendrait donc en réalité aucun service à l'industrie, puisqu'on la forçait à compléter cette assurance par une autre, qu'elle n'obtiendrait qu'à des conditions difficiles et onéreuses.

Le système contraire, proposé par le gouvernement et soutenu par la commission, devait cependant l'emporter ; il avait pour lui une raison décisive. c'est l'impossibilité où se serait trouvée la Caisse d'établir un service de surveillance, qui permit de suivre tous les blessés dans la marche de leur guérison, de façon à éviter les fraudes et simulations, auxquelles ne donnent que trop de prise les incapacités temporaires.

Ce service de surveillance aurait nécessité une organisation des plus complexes, étant donné le nombre des accidents ayant entrainé l'incapacité temporaire. Si l'on se reporte aux données de la statistique, on voit qu'il y a en chiffres ronds, 3000 accidents entrainant la mort, 12000 entrainant l'incapacité permanente, contre 100.000 entrainant une simple incapacité temporaire.

« La surveillance des suites des accidents amenant
« une incapacité temporaire, n'est possible, disait le
« rapporteur, M. Guieysse (rapport du 15 mai 1899), que
« pour les sociétés de secours mutuels ou les compagnies
« d'assurances, qui ont un intérêt direct à exercer une
« surveillance personnelle. Si la Caisse de l'Etat entrait
« dans une pareille voie, l'organisme très complexe de
« la surveillance nécessaire manquant totalement et étant
« presque impossible à constituer, puisque c'est à peine
« si le service d'assistance médicale gratuite fonctionne,
« il y aurait un coulage et des abus forcés que l'on

« entrevoit aisément et qui, sans parler des préjudices
« moraux, entraînerait pour la Caisse les plus graves
« conséquences. » Sans doute, si le chef d'industrie
veut contracter avec une compagnie à prime fixe une
assurance spéciale, il pourra se trouver en présence de prétentions excessives, mais il ne sera pas obligé de les subir,
car il peut, sans imprudence, rester son propre assureur.
Les charges des indemnités, correspondant aux incapacités temporaires, sont très faibles par rapport à celles
qu'ils seront appelés à supporter lors du règlement des
pensions provenant des accidents entraînant incapacité
permanente ou décès. Il est probable qu'en général,
les patrons prendront ces risques à leurs charges, plutôt
que de payer pour cette nature de risques des primes
supplémentaires aux compagnies d'assurances. En
outre, rien n'empêche le patron d'user de la faculté
que lui réservent les articles 5 et 6 de la loi du 9 avril
1898 de se décharger des indemnités afférentes aux
incapacités temporaires, sur des sociétés de secours
mutuels ou des Caisses de secours, établies en vertu de
la loi du 29 juin 1891, auquel cas, il est déchargé de sa
responsabilité jusqu'à concurrence des 30, 60, 90 premiers
jours de l'incapacité temporaire; rarement la durée d'une
incapacité temporaire, dépassera cette limite de 90 jours.

§ XXXVII.— **Analogie entre la nature des risques assurés en vertu de la loi du 24 mai 1899 et celle des risques assurés en vertu de la loi du 11 juillet 1868.**

On voit par ce qui précède que les risques assurés dans les termes de la loi du 24 mai 1899 présentent une assez grande analogie, au point de vue de leur nature, avec les risques assurés dans les conditions fixées par la loi du 11 juillet 1868. Dans l'un et l'autre cas, l'assurance s'applique aux risques inhérents à la profession de l'assuré ; dans l'un et l'autre cas, elle ne couvre que les risques d'accidents ayant entraîné la mort ou une simple incapacité permanente de travail et exclut les risques des accidents ayant entraîné une simple incapacité temporaire.

Mais tandis que, d'après la loi du 11 juillet 1868, les accidents qui donnent lieu à indemnité sont ceux qui « surviennent dans l'exécution des travaux », d'après la loi du 9 avril 1898, à laquelle la loi du 24 mai 1899 nous renvoie, ce sont « les accidents survenus par le fait du travail ou à l'occasion du travail ». Cette dernière formule est plus compréhensive, en ce sens qu'elle renferme les accidents survenus à l'occasion du travail, que la loi du 11 juillet 1868 ne permet pas d'assurer. Il faut en effet entendre par accidents survenus « à l'occasion du travail » des sinistres ayant un lien indirect et purement occasionnel avec le travail ; tel serait par exemple le cas d'un ouvrier, chargé par son patron d'une mission extérieure et qui serait victime d'un accident, en dehors de l'usine. (V. Circulaire ministérielle du 10 juin 1899.) L'interprétation la plus large de la loi du 11 juillet 1868 ne saurait comprendre des accidents de cette nature.

Mais les accidents survenus à l'occasion du travail étant d'une rareté extrême, on peut dire qu'au point de vue pratique, les deux formules se confondent.

§ XXXVIII.— **Principes de la loi du 11 juillet 1868 applicables aux assurances-responsabilité de la Caisse nationale.**

Cette analogie n'est pas la seule ; car la loi du 11 juillet 1868 n'étant pas abrogée, on peut poser en principe que les règles qu'elle pose, en matière d'assurances, en cas d'accidents, sont applicables aux assurances nouvelles autorisées par la loi du 24 mai 1899, en tant que ces règles n'ont rien d'incompatible avec cette catégorie d'assurances. Mais ces règles seront peu nombreuses, étant données la différence profonde qui existe entre les contrats réglementés par la loi de 1868 et ceux que prévoit la loi de 1899. Parmi les dispositions communes à tous les contrats d'assurance de la Caisse citons notamment celle de l'art. 8 aux termes de laquelle les assurances sont faites pour une durée d'un an. Cette disposition doit être considérée comme toujours applicable. « Le Sénat, fit observer le ministre du commerce. (*Jour-*

nal officiel, Sénat, débats, 20 mai 1899, p. 513), « sait
« que les assurances en matière d'accidents contractés
« auprès de la Caisse de 1868 n'excèdent pas le terme
« d'une année. Nous n'avons rien changé à la loi de 1868.
« Il faudrait donc une loi spéciale, en modifiant l'art. 8
« de la loi du 11 juillet 1868 pour permettre à la Caisse
« de consentir des contrats d'une durée supérieure ou
« inférieure à un an ».

Dans les assurances-responsabilité de la loi du 24 mai
1899, cette limitation à un an de la durée du contrat a
surtout pour objet de permetre à la Caisse de réduire ou
de relever ses tarifs suivant que le besoin s'en ferait sentir. Les compagnies exigent en général des contrats de
cinq ou de dix ans. Il eut été dangereux d'adopter pour
les polices de la Caisse une durée aussi longue. On se
trouvait en présence de l'inconnu ; il fallait éviter les
engagements à long terme.

Parmi les autres dispositions de la loi de 1868 applicables aux assurances responsabilité de la loi de 1899,
nous citerons également celle de l'art. 11 aux termes
duquel le service des pensions est effectué par la Caisse
des retraites, moyennant la remise qui lui est faite par
la Caisse des assurances en cas d'accident du capital
nécessaire à la constitution de ladite pension d'après les
tarifs de la Caisse des retraites ; nous trouvons cette disposition reproduite dans les conditions générales des nouvelles polices d'assurance-responsabilité (art. 19).

Les pensions viagères ou temporaires servies aux vic-

11 B.

times d'accidents ou à leurs ayants droit par l'intermédiaire de la Caisse des retraites, sont payables par trimestre le 1ᵉʳ mars, 1ᵉʳ juin, 1ᵉʳ septembre et 1ᵉʳ décembre; ces échéances sont du reste celles de tous les arrérages de rentes servies par la Caisse des retraites (décret du 28 décembre 1886, art. 32).

Quant aux frais funéraires, médicaux ou pharmaceutiques et aux indemnités journalières, le remboursement en est effectué directement par la Caisse nationale d'assurances en cas d'accidents aux ayants droit, sur la production de pièces justificatives qui varieront suivant le cas et seront réclamées par la Caisse avant l'ordonnancement. (Notice de la Caisse, § 14).

Nous appliquerons aussi aux assurances nouvelles les dispositions de l'art. 17 de la loi du 11 juillet 1868, concernant la gestion de la Caisse par la Caisse des Dépôts et Consignations, l'emploi des fonds en rentes sur l'Etat et la constitution d'une commission supérieure de surveillance. La loi du 24 mai 1899 n'a pas en effet constitué une Caisse nouvelle, ayant sa personnalité propre ; c'est toujours la même Caisse qui subsiste avec les mêmes agents, avec les mêmes organes, avec les mêmes garanties essentielles, il y a seulement extension de ses opérations. Ainsi que le faisait observer le ministre du commerce dans la séance du Sénat du 20 mai 1899 (*Journal officiel*, Sénat, débats, p. 513) « nous ne faisons en quel-
« que sorte, que prolonger les opérations de la Caisse de

« 1868, de manière que la loi de 1898 puisse se combiner
« avec elle ».

Pour la même raison, nous devrons reconnaître comme
applicables aux assurances nouvelles les dispositions du
décret du 10 août 1868 et du décret du 13 août 1877,
intervenus en exécution de l'article 19 de la loi du 11 juillet
1868, qui désignent les agents de l'Etat par l'intermédiaire desquels les assurances pourront être contractées.

Enfin, les assurances nouvelles bénéficieront de la dispense de timbre et d'enregistrement inscrite dans le § 2
de l'art. 19. Cette dispense ne fait pas double emploi
avec la dispense établie par l'art. 29 de la loi du 9 avril
1898 en faveur « des procès verbaux, certificats, actes de
« notoriété, significations de jugements et autres actes
« faits ou rendus en vertu et pour l'exécution » de ladite
loi. Cette dernière dispense, malgré sa généralité appa-
rente, est complètement étrangère aux polices d'assurances. On ne peut raisonnablement entendre par actes
faits en vertu et pour l'exécution de la loi que les pièces
relatives à la constatation de l'accident (art. 11), le pouvoir donné par le chef d'entreprise pour se faire représenter en conciliation devant le président du tribunal
(art. 16), la convention constatant la transformation de
la pension en un autre mode de réparation dans les
termes de l'art. 21 (circulaire ministérielle du 10 juin
1899, ch. IV nº 2). Des conventions intervenues entre le
patron et un tiers, à l'occasion de la loi, ne sauraient
jouir du même privilège. Il faut donc décider, en prin-

cipe, que les polices d'assurances souscrites par le patron
pour se couvrir de sa responsabilité restent soumises aux
formalités fiscales du timbre et de l'enregistrement,
seules les polices souscrites à la Caisse d'assurance de
l'Etat en seront affranchies et ce par application de
l'art. 19 de la loi du 11 juillet 1868.

§ XXXIX. — Règles particulières à la forme et à la rédaction des polices.

Il semblerait également rationnel de décider que les
conditions spéciales des polices, dussent, conformément
au même art. 19, être déterminées par décret d'administration publique et que, les conditions prescrites par les
décrets des 10 août 1868 et 13 août 1877, étant incompatibles avec les assurances de la loi de 1899, un nouveau
règlement d'administration publique dût intervenir
déterminant les conditions particulières applicables à ce
genre de contrat.

L'administration en a décidé autrement, et dans le
silence de la loi du 24 mai 1899, s'est crue autorisée à régle-
menter, sans l'intervention du Conseil d'Etat, les conditions des polices d'assurances de responsabilité ; cette
solution nous paraît peu juridique et ne peut guère s'expliquer que par la nécessité où le gouvernement se trouvait d'assurer du jour au lendemain l'exécution de la
loi.

L'administration de la Caisse a abandonné pour les

assurances de responsabilité le système du livret police
adopté par les règlements d'administration publique du
10 août 1868 et du 13 août 1877. Elle a élaboré une série
de polices-type, établies sur le modèle des polices en
usage dans les compagnies d'assurances à prime fixe, contenant dans une première partie, les conditions générales,
et dans une autre partie, les conditions spéciales du
contrat.

Ces polices établies en double exemplaire, sont signées,
tant par l'assuré que par le directeur de la Caisse ;
elles sont régies tant pour la forme que pour le fond par
les règles ordinaires du droit civil. Il ne saurait donc être
question de leur appliquer la disposition de l'article 19
du décret du 10 août 1868, aux termes duquel, en cas de
perte du livret police, il est pourvu à son remplacement
dans les formes prescrites pour les titres de rente sur
l'Etat.

Le décret du 28 février 1899 (art. 4) impose aux
sociétés d'assurances, l'obligation d'insérer dans leurs
polices certaines mentions réputées nécessaires pour ins-
truire nettement les assurés de la mesure exacte de leurs
droits. La police doit notamment : 1° Reproduire textuel-
lement les art. 3, 9, 10 et 30 de la loi du 9 avril 1898. 2°
spécifier qu'aucune clause de déchéance ne pourra être
opposée aux ouvriers créanciers. 3° Spécifier que les contrats se trouveront résiliés de plein droit dans le cas où
la société cesserait de remplir les conditions fixées par la
loi et le décret. Ce décret ne concerne que les sociétés

d'assurances privées. Il ne pouvait en être autrement, puisqu'il est antérieur de plusieurs mois à la loi du 24 mai 1899. Du reste certaines de ces prescriptions ne se comprendraient pas pour les contrats reçus par la Caisse nationale ; il n'y a pas lieu évidemment de prévoir la résiliation du contrat, au cas ou la Caisse cesserait de remplir les conditions qui lui sont imposées par la loi. Les conditions de forme, imposées par le décret pour la rédaction des polices, sont donc au même titre que les conditions de fond qu'il détermine pour la constitution et le fonctionnement des sociétés d'assurances, dépôt d'un cautionnement, établissement d'une réserve, inapplicables à la Caisse nationale.

Il est cependant une des clauses prescrites par le décret que l'administration de la Caisse a jugé spontanément à propos de faire figurer dans la rédaction de ses polices ; c'est la clause au terme de laquelle aucune clause de déchéance ne pourra être opposée aux ouvriers créanciers (art. 2, § 2 des conditions générales de la police responsabilité portant sur tout le personnel, même article des conditions générales de la police responsabilité portant sur une partie du personnel). Cette stipulation répond à l'esprit général de la loi du 9 avril 1898 ; dans l'esprit des auteurs de la loi, l'assurance n'est pas seulement un moyen donné au patron pour lui permettre de remplir plus facilement les obligations qui lui incombent, pour alléger sa responsabilité propre, en la répartissant sur un plus grand nombre de têtes ; c'est en même temps une sûreté donnée à l'ouvrier, qui trouvera dans l'assureur un débiteur, en général plus solvable que le patron lui-même. Il convient que l'ouvrier ne soit pas privé de cette sûreté, par le fait d'une déchéance qui a nécessairement sa cause dans la négligence ou la mauvaise foi du patron ; la déchéance ne pourra donc lui être opposée et l'assureur devra payer dans tous les cas le montant de l'indemnité prévu sauf son recours contre le patron.

Les déchéances sont du reste peu nombreuses : à ce point de vue, la Caisse s'est maintenue dans la voie qu'elle suivait sous le régime de la loi de 1868. La police n'établit de déchéance que dans les cas particulièrement graves, défaut de paiement de la prime, déclarations fausses, incomplètes ou inexactes, ayant induit la Caisse en erreur sur la profession, sur l'appréciation des risques ou sur le montant des salaires (conditions générales des polices-type, précitées art. 10. 12). La Caisse à la différence de la plupart des sociétés d'assurances privées, ne se réserve pas le droit de résilier la police, par le simple fait qu'un accident si grave qu'il soit, a eu lieu au cours de l'assurance.

§ XL. — **Modifications apportées aux règles de la loi du 11 juillet 1868. Modifications résultant de la nature même de l'assurance-responsabilité.**

Les modifications au régime de la loi de 1868 que comporte l'assurance responsabilité sont nombreuses et importantes ; il convient de signaler en première ligne, celles qui tiennent à la nature même du contrat. Dans la loi du 11 juillet 1868 le contrat a toujours la forme d'une assurance d'indemnité ; dans la loi du 24 mai 1899, il se présente avec le caractère d'une assurance de responsabilité. Nous avons déjà indiqué la cause de cette différence essentielle ; nous n'y reviendrons pas, mais nous devons préciser les conséquences qui en découlent.

§ XLI. — Qualité et capacité des contractants.

De ce que l'assurance de la loi de 1899 est une assurance de responsabilité, il résulte tout d'abord que les patrons seuls sont admis à contracter l'assurance, alors que, sous le régime de la loi de 1868, c'était l'ouvrier, en principe qui contractait dans son intérêt personnel, ou le patron dans l'intérêt de son ouvrier. Ici c'est le patron qui contracte dans son intérêt personnel pour s'affranchir des responsabilités que la loi lui impose. Il n'a donc besoin ni du concours, ni du consentement de l'ouvrier ; la capacité du patron seul devra être prise en considération.

§ XLII. — Caractère essentiel de la faculté de substitution. Règles particulières au paiement de la prime.

L'assurance de la loi de 1899, comme celle de la loi de 1868, peut être collective ou individuelle,

Elle peut porter sur tout le personnel, employés, ouvriers et apprentis, à occuper, soit par le souscripteur lui-même, soit par ses tâcherons ou sous traitants, pour l'exercice de la profession déclarée (note de la Caisse, 27, mai 1899. *Journal officiel*, 27 mai p. 3477). Elle peut aussi ne comprendre qu'une partie du personnel (même note); dans certains cas le chef d'industrie n'aura d'intérêt à assurer que certains ouvriers occupés à un service particulièrement dangereux, par exemple, le service d'une machine à vapeur, alors que les autres ouvriers, employés dans des services distincts, ne sont exposés qu'à des risques insignifiants, que le patron pourra sans imprudence se dispenser d'assurer. Il est à peine besoin d'ajouter, ainsi que le dit la circulaire ministérielle du 25 Août 1899, si la question n'avait été mal comprise et n'avait suscité de nombreuses grèves que l'assurance intervenant dans l'intérêt exclusif du patron, c'est au patron seul qu'incombe le paiement des primes; il ne serait pas autorisé à en retenir le montant sur le salaire de l'ouvrier. Une pareille combinaison aurait pour résultat de faire supporter par l'ouvrier les risques des accidents professionnels dont il est victime; elle est à ce titre, prohibée par l'art. 30 de la loi du 9 avril 1898 (1).

---

(1) « Mais si le droit interdit au patron de prélever une part quel-
« conque sur les salaires, destinée au paiement de la prime, en pra-
« tique, certains industriels violant l'équité ont continué à faire des
« retenues sur les salaires... Ce procédé suscita des mécontente-
« ments des récriminations et des grèves.
« Ces grèves furent nombreuses. Au mois de juillet 1899, c'est-à-

§ XLIII. — **L'assurance responsabilité de la Caisse nationale couvre intégralement la responsabilité du patron.**

L'assurance, ayant pour objet de décharger la responsabilité du patron dans les cas d'accidents prévus par la
police, ne remplira complètement son but que si la
décharge qu'elle procure est pleine et entière. Elle doit
donc garantir non pas seulement une certaine somme,
capital ou rente, fixée à forfait, mais l'indemnité intégrale dûe à l'ouvrier pour le risque assuré. Cette obligation dangereuse pour l'assureur sous le régime antérieur
à la loi du 9 avril 1898, alors qu'aucune règle légale ne
venait limiter, l'arbitraire des tribunaux dans l'allocation des dommages-intérêts, est devenu normale depuis
que la fixation des indemnités a été assujettie à des règles
invariables.

Les polices de la Caisse contiennent à cet égard une
disposition formelle (polices-type précitées, conditions
générales, art. 1ᵉʳ). La Caisse garantit intégralement le
paiement des indemnités allouées par l'art. 3 de la loi du
9 avril 1898 à la suite d'accidents ayant entraîné la
mort ou une incapacité permanente de travail, absolue
ou partielle. L'assurance est alors individuelle, elle ne
porte que sur un certain nombre d'ouvriers nominative-

« dire au lendemain de l'application de la loi on en signale **143**
« dont **14** loct-out, le nombre est sensiblement supérieur à la moyenne
« des grèves survenues pendant le même mois au cours des cinq
« années précédentes. Pour ces cinq années, la moyenne est de **38** ».
Thèse de M. Antoine Roux, 1900, p. 120.

ment désignés ; à la rigueur même, elle pourra ne porter
que sur un seul ouvrier.

Mais, qu'elle soit collective ou individuelle, l'assurance de la loi 1899 est toujours faite avec faculté de
substitution. Sous le régime de la loi de 1868, l'assurance
individuelle ne comportait jamais la faculté de substitution ; l'ouvrier, passant d'un établissement dans un autre
emportait avec lui le bénéfice de son assurance, afin de
conserver, en cas d'accident, le bénéfice d'une indemnité
que le nouveau patron n'était pas légalement tenu de lui
fournir. L'assurance collective ne comportait cette faculté
que sur la demande expresse du patron, souscripteur de
la police, et ce depuis le décret du 13 août 1877 seulement ; le patron, quand il payait la prime de ses
deniers tenait évidemment à faire profiter les seuls
ouvriers de son établissement des avantages de l'assurance.

Si l'assurance de la loi de 1899 est nécessairement faite
avec faculté de substitution, c'est une conséquence de
son caractère d'assurance de responsabilité. Lorsqu'en
effet l'ouvrier quitte l'usine, la responsabilité du patron
est éteinte et une assurance de responsabilité ne peut
plus avoir d'objet ; d'autre part, lorsqu'un ouvrier nouveau entre dans l'usine, une responsabilité nouvelle com-
mence pour le patron, qui a intérêt à ce que cette responsabilité soit couverte par l'assurance. Collective ou
individuelle, l'assurance doit donc suivre toutes les variations du personnel. En souscrivant le contrat, le chef

d'entreprise devra remettre au représentant de la Caisse
une liste indiquant tout le personnel par lui occupé au
moment de cette souscription, lorsqu'il s'agit d'une assurance collective, et, en cas d'assurance portant seulement
sur une partie du personnel, une liste nominative des
ouvriers et employés sur lesquels doit porter l'assurance.
Au cours de l'assurance, chaque fois qu'une mutation se
produit dans le personnel, le souscripteur de la police
devra la mentionner sur un bordereau qui est transmis
immédiatement à la Caisse.

La prime, calculée d'après les déclarations faites par le
chef d'entreprise, lors de la demande de souscription
d'assurance, n'est que provisoire ; outre cette prime il est
versé, à titre de provision, lors de la souscription de la
police, une somme égale au quart de la prime provisoire.
Dans le cas où le personnel employé viendrait en cours
d'assurance à dépasser notablement les prévisions fournies
par le chef d'entreprise, un complément de provision
peut lui être demandé. La prime définitive est fixée en fin
d'assurance (c'est-à-dire à la fin de l'année, l'assurance
étant annuelle), tant à l'aide des listes nominatives que
des bordereaux de mutation (conditions générales des
polices-type précitées art. 3, 4, 5, 7 et 8.)

Les primes sont payables par quart et d'avance ; le
premier quart le jour où la police est souscrite, les trois
autres quarts successivement de trois mois en trois mois
sans mise en demeure préalable (conditions générales
art. 7).

En cas de non paiement des fractions ultérieures de la prime, la Caisse peut par lettre recommandée, mettre le souscripteur en demeure d'acquitter dans un délai de 8 jours les sommes exigibles. Faute de paiement dans ce délai, elle peut résilier le contrat par une nouvelle lettre recommandée. En cas de sinistre entre le jour de la mise en demeure et le jour de la résiliation ou le lendemain à midi du paiement des sommes réclamées, le souscripteur est déchu du bénéfice de son contrat (1).

L'assurance ne court que du lendemain de la souscription de la police, c'est-à-dire du paiement de la première fraction de la prime. (16, art. 9).

Ces divers points sont déterminés par les conditions générales de la police. Il eut été plus régulier, à notre avis de les faire fixer par un règlement d'administration publique, conformément au principe posé dans l'art. 19 de la loi du 11 juillet 1868.

En outre, sur la demande spéciale du souscripteur et moyennant une légère augmentation de prime, la police garantit l'acquittement des frais funéraires, des indemnités journalières et des frais médicaux et pharma-

(1) La clause de déchéance n'étant pas opposable, aux termes de la police, à l'ouvrier créancier, ce dernier conserve, même dans ce cas, le droit de réclamer à la Caisse le paiement des indemnités prévues, sauf recours de la Caisse contre le souscripteur.

Mais si l'accident se produit à partir du jour de la résiliation encourue, le contrat n'existant plus, la victime n'a plus aucun droit à l'encontre de la Caisse, qui se trouve dégagée de toute obligation, aussi bien à l'égard des ouvriers que du patron.

ceutiques dûs en raison desdits accidents. Ces dernières indemnités ne représentant qu'un chiffre relativement peu important, on conçoit qu'à leur égard, l'assurance soit facultative. Il n'est pas à craindre d'autre part que le paiement de ces indemnités n'entraîne pour la Caisse des charges excessives, comme au cas d'accidents ayant entraînés une simple incapacité temporaire. C'est ce qu'indiquait le rapporteur de la loi M. Guieysse, (*Journal Officiel* Ch. des dép., 16 mai 1899. Débats, p. 1390). « Il n'y a pas « d'inconvénient majeur, disait-il, dans les tarifs qui sont « prévus par la loi en discussion, à étendre le rembour- « sement des indemnités à cette période transitoire « qui précèdera la constitution des indemnités fixes « prévues par la loi, parce que d'un côté, cela s'appli- « quera à un nombre restreint de victimes d'accidents « que, de l'autre, les victimes d'accidents amenant une « incapacité permanente, seront elles-mêmes très impa- « tientes de voir fixer le plus tôt possible leur situation. « Nous n'avons donc pas à craindre que la durée de la « période de maladie soit prolongée au-delà de ce qui « est raisonnable. Tandis qu'au contraire, pour les acci- « dents temporaires, il faudrait avoir un service de « surveillance absolument impossible à organiser, même « dans l'avenir, je le crains bien. »

§ XLIV. — **Extinction** de l'obligation personnelle du patron. — **Résultat** indirect découlant de l'application de l'art. 28 de la loi du 9 avril 1898.

L'assurance-responsabilité ne dégage pas en principe le patron de l'obligation personnelle qui lui incombe d'indemniser l'ouvrier des conséquences de l'accident. Nul en effet, de droit commun, ne peut par son propre fait se dégager de l'exécution de ses obligations.

Cette situation est loin d'être celle que les parties ont en vue dans un contrat d'assurance de responsabilité ; il est clair que, dans un contrat de ce genre, les parties se proposent de transférer de la tête du patron assuré sur celle de l'assureur, et que ce but n'est atteint que d'une manière imparfaite, si l'assuré reste personnellement tenu, vis-à-vis des tiers. Sous le régime antérieur à la loi du 9 avril 1898, on avait cherché à obtenir l'affranchissement de l'assuré grâce à la combinaison de l'assurance réparation, sous forme d'assurance collective, avec l'assurance-responsabilité et à la clause d'option, par laquelle l'ouvrier était mis en demeure de choisir entre le paiement de l'indemnité stipulée et l'action de l'art. 1382, de telle sorte, qu'en acceptant l'indemnité déterminée par le contrat d'assurance, il renonçait par là même à actionner le patron en responsabilité. Mais cette tentative n'avait pu aboutir en présence de la jurisprudence qui avait déclaré nulle la clause d'option comme contraire à l'ordre public,

En l'absence de la clause d'option, la combinaison de de l'assurance collective avec l'assurance responsabilité ne présentait qu'un avantage assez restreint ; sans doute le paiement de l'indemnité stipulée entre les mains de l'ouvrier venait à la décharge du patron, qui était réputé n'avoir eu recours à l'assurance collective que pour dégager sa propre et personnelle responsabilité ; mais l'ouvrier conservait toujours le droit, à la condition de prouver la faute du patron, de se faire allouer en outre des dommages-intérêts jusqu'à concurrence du montant total du préjudice ; il pouvait même, négligeant d'une manière absolue le bénéfice de l'assurance collective, actionner purement et simplement le patron en dommages-intérêts ; c'est même ce qu'il fut longtemps obligé de faire, s'il n'était pas spontanément désintéressé par l'assureur, car il ne possédait aucune action directe contre ce dernier, les polices d'assurances contenant cette clause devenue de style que « l'ouvrier n'a ni droit ni « action contre la, compagnie pour le règlement « de l'indemnité » ; la jurisprudence s'était inclinée devant l'expression d'une volonté aussi nettement formulée (1).

(1) La validité de la clause « L'ouvrier n'a ni droit ni action contre la compagnie » avait soulevé de vives controverses en doctrine et en jurisprudence. Dans le cas où l'ouvrier avait subi une retenue sur son salaire, dans celui où l'assurance avait été portée à sa connaissance par un règlement d'atelier, la jurisprudence semblait unanime à reconnaître à l'ouvrier le droit d'agir contre l'assureur nonobstant la prohibition contenue dans la police. Cass., 1er juillet 1885, t. 85, 1, 409. Si au contraire l'ouvrier n'avait subi aucune rete-

Dans tous les cas le patron, personnellement tenu vis-
à-vis de l'ouvrier, avait un recours contre la compagnie ;
mais, dans l'exercice de ce recours, il se trouvait soumis
aux risques d'insolvabilité de l'assureur, ainsi qu'à toutes
les déchéances et fins de non recevoir, suscitées par
l'imagination fertile des compagnies d'assurances. Enfin,
il ne faut pas oublier, que les polices responsabilité ne
garantissaient jamais qu'un maximum, au delà duquel
le patron restait son propre assureur.

L'assurance responsabilité ne présentait donc pour
l'assuré qu'un avantage indirect et imparfait ; indirect
en ce sens qu'au lieu de décharger la responsabilité de
l'assuré, elle se bornait à lui accorder un recours contre
l'assureur ; imparfait, en ce sens que, dans bien des cas,
ce recours ne rendait pas l'assureur complètement
indemne.

Tel était le régime qui s'était organisé peu à peu sous
l'influence des besoins de la pratique ; contrarié par la
nécessité d'observer les règles du droit commun, il était
loin de correspondre à ses besoins. Malgré ces imper-

nue ou si l'assurance n'avait été portée à sa connaissance par aucun
règlement d'atelier, la jurisprudence était divisée : certains arrêts
avaient admis le droit d'action de l'ouvrier. Nîmes, 2 juillet 1895,
S. 97-2-153 ; Douai, 11 juillet, 1895, S. 98-2-257; d'autres au contraire avaient reconnu la validité de la clause et refusé à l'ouvrier
toute action. Douai, 24 déc. 89, S. 91-2-113 ; Grenoble, 7 avril 92,
S. 97-2-153. Au moment où paraissait le décret du 28 février 1899,
la cour de cassation venait de se prononcer dans ce dernier sens.
Cass. req. 9 janv. 99, S. 99-1-344. V. dans le même sens Cass. civ.
15 mai 99, le Droit, 27 juillet 1899.

fections, il était supérieur néanmoins au régime établi
par la loi du 11 juillet 1868, qui ignorait même l'assurance responsabilité, non seulement le patron restait toujours personnellement tenu vis-à-vis de l'ouvrier, mais
de plus, il conservait toute la charge du risque ; c'est
tout au plus si, dans le cas où c'est le patron qui avait
souscrit l'assurance dans l'intérêt de l'ouvrier, on pouvait dire que sa responsabilité se trouvait atténuée dans
une certaine mesure, l'indemnité payée par la Caisse
devant être imputée sur les dommages-intérêts dûs en
vertu de l'art. 1382.

La loi du 9 avril 1898 a permis d'établir l'assurance-
responsabilité sur des bases autrement satisfaisantes et
de lui donner un résultat plus conforme à l'intention des
parties.

La loi prend soin, tout d'abord, de délimiter l'étendue
de sa responsabilité; elle fixe à forfait suivant la nature
de l'accident, le taux de l'indemnité dûe à la victime;
cette dernière ne peut rien réclamer au delà.

La responsabilité du patron étant exactement délimitée
il lui devient plus facile, ainsi que nous l'avons indiqué
de se couvrir, d'une manière complète et efficace par une
assurance.

D'autre part, en cas d'incapacité temporaire, il peut
se décharger de ses obligations sur une société de secours
mutuels ou une caisse de secours, jusqu'à concurrence
d'une incapacité de 90 jours. En cas d'incapacité permanente ou de décès, il peut recourir à des sociétés d'assu-

rances, soumises à des conditions de solvabilité sérieuses,
qui lui garantiront dans leur intégralité, le paiement
des indemnités fixées par la loi. Ces sociétés d'assurance
se trouveront en outre engagées vis-à-vis de l'ayant droit
à l'indemnité par un lien d'obligation personnelle : aux termes du décret du 28 février 1898 les polices doivent sti-
puler que les sociétés d'assurance ne pourront opposer
aucune déchéance à l'assuré ; c'est la prohibition implicite
de la clause de style, aux termes de laquelle, sous l'empire de l'ancienne législation, les compagnies stipulaient
que l'ouvrier n'a ni droit, ni action contre la compagnie.
L'ouvrier ayant deux débiteurs obligés au paiement de
la même dette, choisira vraisemblablement le plus solvable ; ce sera toujours l'assureur. Par conséquent, si le
patron reste personnellement tenu, son obligation deviendra bien rarement une obligation effective.

Il peut craindre cependant, étant donné que le service
des pensions allouées aux victimes d'accidents est susceptible de se prolonger pendant de longues années, que,
par suite d'événements imprévus ou de force majeure, de
révolutions économiques ou politiques, les garanties de
solvabilité fournies par son assureur ne soient détruites et
que sa responsabilité personnelle qu'il avait cru éteinte
ne vienne à renaître. La loi lui offre encore le moyen de
se mettre à l'abri du danger ; aux termes de l'art. 28 les
débiteurs de pensions allouées aux victimes d'accidents
peuvent se libérer en une fois en versant le capital représentatif de ces pensions à la Caisse nationale des retraites.

Si le patron prend soin d'imposer à son assureur ce versement, la créance de la victime de l'accident sera définitivement éteinte et la responsabilité du patron irrévocablement déchargée (1).

L'organisation de la Caisse nationale permet de donner tout leur effet utile à ces dispositions ; l'administration de la Caisse en a également tiré le meilleur parti en établissant les formules de ses nouvelles polices d'assurance-responsabilité. Sans doute, en principe, le patron, qui a souscrit avec la Caisse nationale un contrat d'assurance-responsabilité reste personnellement tenu vis-à-vis de la victime de l'accident, de la même façon que s'il avait contracté avec une société privée, il ne sera pas non plus seul tenu vis-à-vis de l'ayant droit à une indemnité. Les polices de la Caisse nationale contiennent de la façon la plus nette l'expression d'une stipulation au profit de l'ouvrier, elles portent en effet que « la Caisse nationale d'assurances garantit » le paiement des indemnités visées par l'art. 3 de la loi du 9 avril 1898 (conditions générales art. 1er) ; elles portent aussi, qu'aucune clause de déchéance ne sera opposée aux ouvriers créanciers compris dans l'assurance ». Il y a bien là une stipulation, qui, en vertu de l'art. 1121, confère à l'ouvrier une action directe contre la Caisse ; c'est l'ouvrier qui est

(1) Si cette combinaison est avantageuse pour l'assuré qu'elle met à l'abri des risques d'insolvabilité de la société d'assurances, elle n'est pas non plus sans avantages pour cette dernière, qui, en pareil cas, aux termes du décret du 28 février 1899 article 6, est dispensé de constituer des réserves mathématiques.

constitué personnellement créancier de la Caisse ayant
droit direct au paiement de l'indemnité.

Mais, de plus, et c'est là ce qui donne aux assurances
responsabilité de la Caisse nationale, un caractère particulier, il ne faut pas oublier qu'en vertu de ses règles
constitutives (loi du 11 juillet 1868, art. 2), la Caisse n'ef-
fectue pas elle-même le service des pensions dûes aux
victimes d'accidents; ce service est effectuée par la
Caisse des retraites au moyen de la remise du capital
nécessaire à la constitution desdites pensions; il résulte
de là, par une application littérale de l'art. 28 de la loi
du 9 avril 1898, que la responsabilité du patron vis-à-vis
du créancier de la pension se trouve dégagée à tout
jamais dans l'avenir.

§ XLV. — **Droit pour la Caisse de vérifier l'existence et
de discuter les conditions de la responsabilité garantie.**

Dans toute assurance de responsabilité, l'assureur doit
être mis en mesure de vérifier l'existence et de discuter
les conditions de la responsabilité qu'il est tenu de garantir. Les polices contiennent toujours des stipulations aux
termes desquelles le souscripteur est tenu de signaler
l'accident dans le plus bref délai à l'assureur et d'adresser à ce dernier dès leur réception toutes citations, som-
mations et pièces quelconques à lui signifiées ou adres-
sées à l'occasion de l'accident; c'est également l'assureur
qui est substitué au souscripteur de police dans la direction des procès.

Sous le régime antérieur à la loi du 9 avril 1898 des clauses de ce genre se rencontraient dans toutes les polices d'assurance-responsabilité ; nous les retrouvons dans les polices-type de la Caisse nationale (conditions générales, art. 12).

§ XLVI. — Résiliation de la police lorsque le patron cesse son industrie.

Enfin la responsabilité du patron venant à cesser, lorsque, pour une cause quelconque, il abandonne son industrie, il est naturel de prévoir en pareil cas la résiliation d'un contrat qui n'aurait plus d'objet. C'est ce que font les art. 17 et 18 des conditions générales des polices de la Caisse.

En cas de faillite ou de liquidation judiciaire, le contrat est résilié de plein droit à partir de la date de la cessation des paiements. En cas de vente d'établissement de cessation d'industrie ou de décès, le contrat peut être résilié à l'amiable, à la demande du souscripteur ou de ses héritiers.

On comprend que, dans le premier cas, la résiliation ait lieu de plein droit ; car la mise en liquidation ou la faillite auront normalement pour effet d'entraîner la fermeture de l'établissement ; si l'industriel en liquidation ou le syndic de la faillite sont autorisés à continuer l'exploitation, ils souscriront un nouveau contrat. Mais on peut regretter que le moment de la résiliation soit fixé

á la date de la cessation des paiements et non à celle du
jugement prononçant la faillite ou la liquidation judi-
·ciaire. Rien ne révèle aux tiers, particulièrement aux
ouvriers, la date de la cessatiion des paiements, qui peut
précéder de beaucoup celle du jugement déclaratif ; il
est inadmissible que, pendant ce laps de temps, qui sera
quelquefois fort long, les ouvriers soient privés à leur
insu, des avantages de l'assurance. A ce point de vue, la
rédaction de l'art. 17 des conditions générales appelle
une modification indispensable.

Dans le cas de l'art. 18, c'est-à-dire de vente d'établissement, de cessation d'industrie ou de décès, la résiliation du contrat est simplement facultative. Cette
différence se comprend facilement en cas de vente d'établissement ou de décès ; car l'assurance peut être conti-
nuée, soit par l'acquéreur de l'établissement, soit par
les héritiers, s'ils continuent l'exploitation. Le caractère
facultatif de la résiliation se conçoit moins bien en cas
de cessation pure et simple d'industrie.

A la différence de la plupart des compagnies d'assurances privées, la Caisse dans aucun cas de résiliation
ne stipule d'indemnité à son profit.

§ XLVII. — **Modifications résultant de l'abandon du principe de la subvention. La Caisse doit calculer commercialement les risques des assurances-responsabilité.**

Nous venons de passer en revue les modifications que
l'introduction des assurances de responsabilité a fait

éprouver au régime institué par la loi du 11 juillet 1868
pour les assurances souscrites à la Caisse nationale d'assurances en cas d'accidents. Des modifications d'une autre
nature, mais non moins importantes résultent de l'abandon, en matière d'assurance de responsabilité, d'un
principe capital de la loi de 1868, celui du concours de
l'Etat au paiement des indemnités sous forme de subvention.

Sous le régime de la loi de 1868, la Caisse nationale est
une institution dont l'objet essentiel est de développer
l'esprit de prévoyance dans les classes laborieuses ; cet
esprit de prévoyance a besoin d'être encouragé et fécondé ;
les ressources de l'ouvrier sont trop minimes pour lui
permettre de payer une cotisation assez élevée, qui lui
assurerait, en cas d'accident, une indemnité suffisante ;
il ne peut payer que des cotisations très faibles et l'indemnité produite par ces cotisations ne le mettra pas à
l'abri du besoin. C'est de la part de l'Etat une œuvre de
sage philanthropie que de lui venir en aide au moyen
d'une subvention, qui permettra de grossir cette indemnité et de la porter, tout au moins, au strict nécessaire.

C'est également, nous l'avons indiqué, une œuvre de
justice sociale ; il n'est pas équitable de laisser à l'ouvrier seul la charge du risque professionnel ; ses souffrances toujours réelles, sont souvent imméritées ; la
société doit contribuer à leur soulagement.

Enfin, lorsque c'est le patron qui, spontanément prend
à sa charge le paiement de la cotisation, il est naturel

que l'Etat pour stimuler sa générosité, augmente le
profit qui en résulte pour l'ouvrier, au moyen d'une
générosité semblable. En conséquence, la loi du 11 juillet
1868 décidait que l'Etat contribuerait au paiement des
indemnités pour une somme au moins égale au produit
des cotisations.

Les assurances de responsabilité, organisées par la loi
du 24 mai 1899, se présentent dans des conditions tout
à fait différentes. Dans la loi du 24 mai 1899, l'intervention de l'Etat n'a d'autre objet que de fournir aux
industriels le moyen de lutter contre les prétentions
excessives des compagnies d'assurances.

L'Etat intervient « comme régulateur du prix de l'assu-
« rance par la constitution d'un rouage national, chargé
« de faire contrepoids aux coalitions toujours possibles
« des compagnies d'assurances » (Cabouat. Traité des
accidents du travail nº 306, note 1). Dans un pareil
système, il ne peut être question d'allouer à la Caisse
une subvention ; non seulement cette subvention ne se
justifierait par aucune considération d'ordre politique ou
social au profit de l'industrie, qui doit pouvoir vivre par
ses propres forces, non seulement elle serait ruineuse
pour les finances de l'Etat, mais elle aurait en outre
l'inconvénient de jeter la perturbation dans l'industrie
de l'assurance et d'en fausser les conditions économiques.

L'Etat ne doit pas faire, aux sociétés d'assurances une
concurrence déloyale, en abaissant les tarifs à un taux où
ni les sociétés mutuelles ni les Sociétés à primes fixes ne

pourraient le suivre, sauf à combler son déficit au moyen des ressources inéprisables du budget. L'assurance de l'Etat ne doit pas imposer aux contribuables une prestation quelconque ; elle n'a pas à chercher de bénéfice, mais elle doit couvrir ses frais. La Caisse nationale doit être comparable à une société d'assurances mutuelles, d'industries diverses ; elle doit se proposer « grâce à une « gestion prudemment conduite et à une appréciation « toujours plus précise des risques de servir de modèle « aux institutions privées » (Cabouat, *ib.*, n° 309).

Cette idée, qui était certainement au fonds de tous les esprits, ne se trouvait pas cependant indiquée dans le projet déposé par le gouvernement ; elle n'est pas davantage formulé dans le rapport déposé par M. Gueysse, au nom de la commission de la Chambre des députés. L'élaboration hâtive de la loi explique une lacune aussi grave. Ce fut seulement au cours de la discussion devant la Chambre des députés dans la séance du 16 mai 1899 (*Journal Officiel*, Ch. des dép., débats, p. 1391) que ce principe essentiel fut mis en lumière par M. Drake, auteur d'une disposition additionnelle qui est devenue le § 3 de l'art. 1 de la loi du 24 mai 1899. Ce paragraphe est ainsi conçu « Les primes devront être calculées de « manière que le risque et les frais généraux d'adminis- « tration de la Caisse soient entièrement couverts, sans « qu'il soit nécessaire de recourir à la subvention prévue « par la loi du 11 juillet 1868 ».

La portée de cette disposition a été précisée au cours

de la discussion de la loi devant le Sénat (*Journal Offi-ciel*, Sénat, débats, p. 512 s.). Il résulte de cette discus-sion que les tarifs de la Caisse doivent être fixés en tenant largement compte des aléas de l'assurance et de tous les frais d'administration, la Caisse doit vivre avec ses seules ressources, de façon à ne faire jamais appel à la subvention de l'Etat et à ne pas être obligée de recourir au fonds de garantie institué par l'art. 24 de la loi du 9 avril 1898 et constitué aux termes de l'art. 25 de la même loi, au moyen d'une contribution spéciale des patentes.

La Caisse nationale ne serait pas non plus admise à combler les déficits qu'elle pourrait éprouver du chef des assurances-responsabilité, au moyen des ressources, autres que la subvention qu'elle possède en vertu de la loi de 1868. Elle ne pourrait y employer par exemple, soit le produit des dons et legs qu'elle aurait reçus, soit les réserves qu'elle s'est constituées au moyen des sub-ventions restées sans emploi ou des bénéfices réalisés sur les assurances indemnités. La loi du 24 mai 1899 obli-geant la Caisse à calculer commercialement ses primes d'assurance-responsabilité, il est clair qu'elle ne peut se procurer à l'aide de ressources étrangères, le moyen de remplir les engagements que lui impose, cette catégorie de contrats.

La Caisse après avoir au début élaboré ses tarifs, en s'aidant de l'expérience des pays voisins, de façon à mettre en harmonie, dans la mesure du possible les primes avec les risques, devra s'imposer pour règle de serrer ensuite la réalité de plus près. Elle devra opérer aussitôt que sa propre expérience lui en fournira la possibilité, les réductions ou les relèvements qui seraient reconnus indispensables. Les polices, par suite, devront être de courte durée, de façon à ne point lier l'Etat trop longtemps à des tarifs qui pourraient être insuffisants ou exagérés.

Grâce à ces précautions, il est possible que la Caisse nationale puisse ne jamais éprouver du chef des assurances de responsabilité de pertes ni de bénéfices bien appréciables ; les déficits qui se produiraient au cours d'un exercice devant se compenser à peu près avec les bénéfices réalisés sur un autre exercice.

Si néanmoins, une perte se produisait, à laquelle la Caisse ne fut pas en état de faire face au moyen de ses ressources propres du fonds des assurances responsabilité, il serait indispensable que le Parlement vint à son secours et votât un crédit pour lui permettre de tenir ses engagements ; car la Caisse jouit de la garantie de l'Etat aussi bien pour les assurances responsabilité que pour les assurances indemnités. C'est ce qui a été rappelé au cours de la discussion de la loi devant le Sénat et ce que les notices publiées par la Caisse énoncent formellement.

§ XLVIII. — **Établissement des tarifs par groupes d'industrie et sur la base d'un quantum de salaires.**

Conformément à ces principes, les tarifs de la Caisse ont été établis par groupe d'industries et sur la base d'un tant pour cent du salaire de l'ouvrier, c'est-à-dire conformément aux usages admis depuis longtemps par les sociétés d'assurances contre les accidents.

Pour le calcul de la prime annuelle, l'année entière est comptée pour 300 fois le salaire quotidien, le mois pour 25 fois et la semaine pour 6 fois (conditions générales).

Les tarifs comportant deux séries de primes, les unes concernant uniquement la constitution des rentes, les autres concernant à la fois la constitution des rentes, les indemnités journalières, les frais médicaux et pharmaceutiques jusqu'à la constitution des rentes.

La quotité des primes varie suivant la nature plus ou moins dangereuse de la profession, telle qu'elle est déterminée par les statistiques françaises ou étrangères dont on dispose ; le taux des primes varie depuis 0,13 et 0,15 % des salaires pour les fabriques de chaussures sans moteur, industrie réputée la moins dangereuse jusqu'à 8,96 et 9,75 pour les charpentiers, dont le métier est considéré comme particulièrement dangereux (tarif 1899). Un certain nombre de professions ne figurent pas nommément dans le tarif. Pour ces dernières, la prime sera fixée par la Caisse nationale par assimilation, en tenant compte de l'analogie des risques. Il pourra arriver également que certaines entreprises comporteront des professions multiples ayant chacune un coefficient de risques différent ; dans ce cas la Caisse nationale recherchera quelle est la prime moyenne applicable pour l'ensemble des professions assurées (notice de la Caisse, § 8).

En matière d'assurances agricoles, la prime est calculée sur des bases différentes. Lorsqu'il s'agit de batteuses actionnées par moteur, la prime est fixée à 2 francs par jour et par machine employée ; cette prime n'est due et l'assurance ne court que pour les journées de travail déclarées. (Note de la Caisse au 20 août 1899. *Journal Officiel*, p. 5.656, 20 août). Il ne pouvait être question d'établir la prime suivant le salaire individuel des personnes employées au service de la machine et du moteur. Le personnel employé à ce service varie chaque jour, quelquefois même plusieurs fois par jour ; on ne pourrait imposer à l'exploitant du moteur l'obligation de signaler à chaque instant les modifications survenues dans la composition de ce personnel.

§ XLIX. — Les tarifs sont uniformes, quelque soit l'état civil de l'ouvrier assuré.

La loi du 9 avril 1898, dans la fixation des indemnités allouées aux ayant droit d'un ouvrier décédé par suite d'accidents, établit des différences entre les étrangers, les célibataires et les pères de famille.

L'indemnité est proportionnelle au nombre et à la qualité des ayant droit ; c'est ainsi que, en cas de mort d'un ouvrier marié, la veuve et les enfants mineurs ont droit à une rente qui peut représenter 60 % du salaire, tandis que la mort du célibataire ne causera aucun préjudice financier au patron, à moins qu'il n'ait des ascen-

dants à sa charge, auquel cas ces derniers bénéficient
d'une pension qui peut atteindre un maximum de 30 %
du salaire ; de même les représentants de l'ouvrier étranger
ne reçoivent aucune indemnité, si, au moment de l'accident, ils ne résidaient pas sur le territoire français.

Cette situation a provoqué de vives critiques à l'égard
de la loi de 1898 et motivé une assez grande agitation.
La loi disait-on, crée un motif d'exclusion pour les pères
de famille et un avantage marqué aux célibataires et aux
étrangers ; les patrons conseillés par leur intérêt le plus
direct, supprimeront des ateliers et des chantiers les
pères de familles, dont l'emploi leur impose une responsabilité écrasante ; ils donneront la préférence aux célibataires et aux étrangers, dont le décès ne crée pour eux
aucune charge particulière ; la loi donne donc une prime
au célibat et au travail étranger.

Il semblait en même temps que l'assurance des ouvriers
français mariés et père de famille, dut donner lieu à une
prime plus forte que l'assurance des ouvriers célibataires
ou étrangers, comme comportant un risque plus élevé.

Ces craintes étaient exagérées ; car la différence de
charges qu'entraîne l'accident mortel, selon que la
victime est ou non mariée ou père de famille, est en
réalité de peu d'importance, eu égard à la totalité des
dépenses occasionnées par l'ensemble des accidents. On
peut évaluer, d'après les statistiques étrangères, la proportion des cas de mort à 2,2 % du total des accidents :
cette proportion de 2,2 % suffit à faire prévoir que la

dépense occasionnée par le cas de mort, qui sont les seuls pour lesquels intervienne la considération de l'état civil de la victime, ne peut être qu'une fraction relativement faible du total des indemnités. Sous l'empire du régime antérieur à la loi du 9 avril 1898, ou pratiquement l'indemnité allouée par les tribunaux variait aussi suivant les charges de la famille de la victime, les compagnies d'assurance ne tenaient jamais compte de l'état civil des ouvriers dans la fixation des primes qui étaient strictement proportionnelles aux salaires payés par les chefs d'entreprise. Voudrait-on procéder autrement qu'on ne le pourrait pas ; il serait impossible, en fait de suivre sans interruption l'état civil de tous les ouvriers attachés à une entreprise, soit à titre permanent soit à titre temporaire, et de contrôler les déclarations qui seraient faites par les intéressés, notamment au point de vue des mariages et des naissances d'enfants que les ouvriers auraient intérêt à dissimuler. De même, sous le régime de la loi actuelle l'emploi d'ouvriers pères de famille, n'offre de risques particuliers que pour les industriels qui négligent de s'assurer.

Au moment où la loi du 9 avril 1898 allait être mise en pratique, cette question soulevait cependant les craintes les plus vives et, dans le cours de la discussion de la loi du 24 mai 1899, on se demanda si la caisse ne tiendrait pas compte dans ses tarifs de la différence entre les étrangers, les célibataires et les pères de famille. Il fut entendu que les barèmes de la caisse établiraient un

tarif uniforme ; le gouvernement prit à cet égard un
engagement formel (*Journal officiel*, Ch. des dép,
16 mai 1899 Débats, p. 1389) et conformément à cet engagement les tarifs de la caisse n'établissent aucune distinction fondée sur l'état civil de l'ouvrier.

§ L. — Les primes portées sur les tarifs ne constituent qu'un maximum.

Les primes portées sur les tarifs ne constituent qu'un
maximum. Elles sont fixées de gré a gré dans les limites
de ce maximum entre l'administration de la Caisse et les
industriels. La prime indiquée au tarif est susceptible d'une
réduction, s'il résulte des renseignements fournis par
l'intéressé et corroboré le cas échéant par l'enquête que
la Caisse nationale se réserve de faire faire par des agents
techniques que l'état de l'outillage en général et les
mesures de protection prises dans ses ateliers par ses
chefs d'entreprise sont de nature à diminuer les risques
d'accidents. C'est ainsi du reste, que procèdent les compagnies d'assurances privées ; en fait, la prime est toujours fixée de gré à gré, suivant la situation particulière
de chaque industriel ; il est naturellement tenu compte
dans cette fixation des conditions de sécurité plus ou
moins grande que présente son atelier.

L'expérience a démontré en effet, que, l'action des
causes d'accidents est grandement susceptible de s'accroi-
tre ou de s'atténuer suivant le degré de vigilance et de

13 B.

soin apporté à l'organisation du travail. La possibilité de
neutraliser en partie les chances d'accidents est un fait
constant ; elle est aujourd'hui si bien comprise que d'importantes associations se sont constituées entre industriels dans le but de rechercher les appareils protecteurs
ou de déterminer les dispositions réglementaires, dont
on peut espérer une diminution quelconque des chances
d'accidents. On peut citer spécialement en France deux
associations dont l'activité mérite d'être signalée ; d'abord
l'association des industriels de France contre les accidents
du travail, fondée en 1887 et comptant 2287 membres en
1898, et ensuite l'association normande pour prévenir les
accidents du travail, qui toutes deux ont puissamment
contribué par la vulgarisation d'appareils de protection
ou l'élaboration de prescriptions ou précautions à prendre
à assurer la securité des travailleurs. (*Bulletin de l'office du travail*, 1898, p. 587 à 602).

La diminution de prime accordée par la Caisse aux
industriels entrés dans cette voie constituera un encouragement puissant pour l'emploi de mesures préventives.

Nous voyons par là combien l'organisation nouvelle
de l'assurance par l'État diffère de l'organisation primitive adoptée en 1868. Sous le régime de la loi de 1868,
la prime est fixe, indépendante de la profession, c'est-à-
dire du risque, dans le système de la loi de 1899, au contraire on s'attache à serrer le risque d'aussi près que possible; non seulement on tient compte du risque particulier à chaque profession, mais on s'attache même, au

sein d'une même profession, à déterminer le risque spécial à chaque atelier. Autant le système ancien est rigide,
autant le système de la loi nouvelle est souple, susceptible de s'accommoder à toutes les situations.

Nous avons reconnu les vices de la loi de 1868, nous
en avons signalé ses désastreuses conséquences.
Nous n'hésiterons pas au contraire, à donner notre approbation à l'organisation actuelle. Dira-t-on que cette
organisation, par la latitude qu'elle donne à l'administration dans l'appréciation du risque, est de nature à
favoriser l'arbitraire, à susciter des abus ? Si, un jour
les faits venaient à justifier ce reproche, il faudrait
en accuser soit les personnes, soit le principe de
l'assurance par l'Etat. Si l'assurance par l'Etat est
chose possible, elle ne peut l'être que dans les conditions nouvelles qui lui sont faites et dont l'expérience
déjà longue des sociétés d'assurances privées a fait
reconnaître la valeur.

§ LI. — Révision des tarifs suivant les résultats constatés.

Les polices étant annuelles, il sera possible de se rendre compte dès l'expiration de la première année des
résultats obtenus ; si les primes sont insuffisantes on
pourra les réduire en cas contraire.

Les tarifs devront être remaniés périodiquement suivant les résultats constatés ; cette révision aura lieu dès

que le besoin s'en fera sentir, tous les ans en principe. D'après l'art. 7 de la loi du 11 juillet 1868, la révision des tarifs devait avoir lieu tous les cinq ans en vertu d'une loi ; cette disposition a été implicitement abrogée en ce qui concerne les assurances de responsabilité, par celle de la loi du 24 mai 1899 aux termes de laquelle les tarifs sont approuvés par décret rendu sur rapport du ministre du commerce, de l'industrie, des postes et télégraphes et du ministre des finances, de même la révision des tarifs doit pouvoir être opérée par simple décret.

Cette révision pourra être opérée à tout moment, la discussion de la loi devant le sénat ne laisse aucun doute à cet égard.

§ LII. — **Modifications résultant de dispositions particuliè-res de la loi du 9 avril 1898. Constatation des accidents et fixation des indemnités.**

Il nous reste à signaler les modifications apportées à la loi de 1868, et aux règlements qui la complètent comme conséquence des dispositions particulières de la loi du 9 Avril 1898.

Cette dernière loi a organisé une procédure spéciale pour la constatation des accidents et la fixation des indemnités (art. 11 et s.), ces dispositions enlèvent toute utilité aux prescriptions contenues dans le décret du 10 août 1868, art. 25, et s. La Caisse est tenue de payer l'indemnité due à la victime de l'accident, telle que cette indemnité a été fixée par ordonnance du président du tribunal ou par décision judiciaire (conditions générales art. 1er); elle a du reste le droit de faire pénétrer son agent dans l'établissement de l'assuré à l'effet de suivre l'enquête et de faire toute constatation utile : c'est elle également qui a seule la direction des procès (ib. art. 14).

Il est même interdit au souscripteur de la police de mettre la Caisse nationale en cause, ou de l'appeler en garantie à l'occasion des instances qui pourraient être introduites par les victimes d'accidents ou leurs ayants droit pour obtenir l'attribution de leurs rentes. En cas d'infraction à cet engagement, la Caisse nationale aura le droit de reclamer au souscripteur le remboursement des honoraires et frais judiciaires ou autres, qu'elle aura déboursés à raison de cette mise en cause ou de cet appel en garantie (ib. art. 16.)

Les indemnités attribuées aux victimes d'accidents ne sont pas immédiatement définitives; aux termes de l'art. 19 de la loi du 9 avril 1898, pendant un délai de 3 ans à dater de l'accord intervenu entre les parties devant le président du tribunal ou de la décision judiciaire, qui aurait été rendue, il peut être formé une demande en révision de l'indemnité fondée sur une aggravation ou une atténuation de l'infirmité de la victime ou son décès par suite de l'accident.

Le cas échéant la Caisse bénéficiera de la réduction de l'indemnité; à l'inverse elle devra en supporter l'aug-

mentation. En conséquence l'art. 15 des conditions générales de la police impose au souscripteur l'obligation de
transmettre à la Caisse pendant la durée du délai de
révision tous les renseignements qui parviendraient à sa
connaissance sur les suites des accidents ayant entrainé
une constitution de rente.

L'indemnité due par la Caisse ne consiste plus, comme
dans le système de la loi de 1868, en un capital fixe donnant droit à une pension variable, suivant l'âge de l'ayant
droit, conformément au tarif de la Caisse des retraites;
elle devra assurer à la victime de l'accident le paiement
des rentes et pensions déterminées par l'art. 3 de la loi
du 9 avril 1898 en fonction du salaire de la victime,
mais indépendamment de son âge. A cette effet la Caisse
d'assurances en cas d'accidents devra effectuer le versement d'un capital essentiellement variable. suivant les
barèmes de la Caisse des retraites. En un mot la Caisse
devra mettre la victime de l'accident ou ses ayants droit
en mesure de jouir de l'intégralité des pensions qui leur
sont allouées en vertu de la loi, sans préjudice des frais
funéraires, médicaux, pharmaceutiques et de l'indemnité
journalière que la Caisse assure facultativement.

Il n'y a pas lieu de distinguer, comme faisait la loi de
1868 entre la pension accordée à la victime de l'accident
et les secours alloués à sa famille; l'assurance de responsabilité de la loi de 1899 garantit au même titre toutes
les indemnités dues à la suite d'accidents ayant entrainé
la mort ou une incapacité permanente de travail.

§ LIII. — **Incessibilité et insaisissabilité des indemnités.**
L'incessibilité n'est pas absolue.

La loi du 11 juillet 1868, art. 13, déclarait les pensions allouées en cas d'accidents incessibles et insaisissables. Nous retrouvons dans la loi du 9 avril 1898, art. 3, une disposition semblable. Nous en tirerons les mêmes conséquences, c'est-à-dire que le bénéfice de la pension reste exclusivement personnel à l'ayant droit et ne tombe pas dans la communauté.

Mais la disposition de la loi du 9 avril 1898 n'a pas un caractère absolu ; lorsque la pension n'est pas supérieure à cent francs, les parties peuvent, d'un commun accord, la remplacer par le paiement d'un capital (art. 21); dans tous les cas, après l'expiration au délai de révision, la victime peut demander que le quart au plus du capital nécessaire à l'établissement de cette rente lui soit remis en espèces, et il peut aussi demander que ce capital serve à constituer une rente viagère reversible par moitié sur la tête de son conjoint; le tribunal est appelé à apprécier ces demandes (art. 9).

Dans la première hypothèse, celle d'une pension inférieure à cent francs, le remboursement du capital pourra être effectué avec le consentement simultané de la Caisse (mise au lieu et place du patron) et du créancier de la pension. Dans les autres hypothèses le consentement de la Caisse n'est plus exigé; la Caisse se trouve en effet

substitué au patron qui est obligé, en vertu de la décision du tribunal, à verser, jusqu'à due concurrence, entre
les mains de l'ayant droit le capital représentatif de la
pension.

§ LIV.— Cas dans lesquels l'indemnité d'assurance fait double emploi avec l'action de l'art. 1382. Action de la Caisse contre le tiers auteur de l'accident.

Sous le régime antérieur à la loi du 9 avril 1898, la
question de savoir, si l'indemnité d'assurance pouvait
être cumulée avec les dommages intérêts dûs par l'auteur
de l'accident, soulevait en doctrine et en jurisprudence
de graves difficultés ; il en était de même de la question
de savoir si l'assureur possède contre le tiers, auteur du
dommage, une action recursoire. Les art. 2 et 7 de la loi
du 9 avril 1898 contiennent à ce sujet des dispositions
précises. A l'égard du patron et de ses ouvriers ou préposés, la victime de l'accident ne peut invoquer d'autres
dispositions que celle de ladite loi : ainsi que nous l'avons
expliqué, l'indemnité allouée à la victime est une indemnité transactionnelle ; elle éteint complètement à l'égard
du patron et des personnes dont il est responsable l'action
en responsabilité fondée sur les règles du droit commun ;
il n'y a pas de cumul possible par suite de la suppression
de cette dernière action.

Mais à l'égard des tiers, l'ouvrier peut agir en vertu
de l'art. 1382 pour réclamer la réparation au préjudice

causé ; l'indemnité qui lui sera allouée exonérera à due
concurrence le chef d'entreprises des obligations mises à
sa charge. L'action contre les tiers responsables pourra
même être exercée par le chef d'entreprise, à ses risques
et périls, aux lieux et place de la victime ou de ses ayants
droit, si ceux-ci négligent d'en faire usage ; le patron
pourra ainsi rentrer en tout ou en partie, dans les
sommes qu'il aura été obligé de payer à l'ouvrier pour
remplir les obligations mises à sa charge par la loi du
9 avril 1898. La victime de l'accident ne sera donc pas
recevable à prétendre cumuler le bénéfice des deux
actions ; elle n'a droit, en tous cas, qu'à l'indemnité la
plus forte, celle que lui procurera en général l'exercice
de l'art. 1382 ; c'était la solution suivie par la jurisprudence sous le régime législatif antérieur à la loi du
9 avril 1898.

Ces dispositions légales comportent d'assez nombreuses
difficultés d'application, que nous n'avons pas à discuter
comme sortant du cadre de notre étude. Il nous suffira
d'indiquer, dans le cas d'assurance par la Caisse, que
cette dernière est subrogée aux droits du patron contre
le tiers auteur de l'accident. Cette subrogation résulte-
rait, dans la plupart des cas, de l'art 1251, § 3, du code
civil ; on peut en effet considérer, qu'en payant l'indemnité due à la victime, la Caisse paie la dette d'un tiers,
avec lequel elle est tenue. Mais cette subrogation ne
serait évidemment possible qu'après paiement : la
Caisse ne serait pas recevable de plein droit à agir avant

d'avoir payé ; ainsi que le patron peut le faire, en se
fondant sur les dispositions de l'art. 7 de la loi du 9
avril 1898, qui lui accorde sans restriction le droit d'agir
contre le tiers responsable, sous la seule condition que
la victime néglige d'user de son droit. Pour éviter toute
discussion à cet égard, les conditions générales de la
police (art. 13) spécifient formellement que la Caisse
sera subrogée au souscripteur dans tous les droits, et
actions qui peuvent résulter de l'application des dispositions de l'art. 7. de la loi du 9 avril 1898.

§ LV. — Résultats statistiques et financiers

Il nous a été impossible de nous procurer à la Caisse
des dépôts et consignations les résultats des opérations
de la Caisse des accidents depuis le 1er juillet 1899,
relativement aux assurances concernant le risque prévu
par la loi du 9 avril 1898.

D'ailleurs les résultats financiers obtenus sur une
période aussi courte ne peuvent être appréciés définitivement ; il sera nécessaire d'attendre le règlement des
prochains exercices avant de rechercher si l'organisation
des services nouveaux confiés à la Caisse par la loi du
24 mai 1899 est susceptible de perfectionnement, et,
notamment si le taux des primes doit être modifié.

Pour l'exercice 1900 l'administration de la Caisse à
maintenu sans changement les tarifs de 1899.

§ LVI. — **Résultats économiques.**

Si les résultats financiers du service des assurances-responsabilité ne peuvent pas apparaître encore clairement, il n'en est pas de même des résultats économiques réalisés par la loi du 24 mai 1899.

Mais le résultat économique de l'institution n'est pas seulement dans le nombre des assurances contractées ; et à ce point de vue le service créé par la loi du 24 mai 1899, diffère essentiellement du service auquel était limité l'objet de l'institution primitive. Sous le régime de la loi du 11 juillet 1868 l'utilité de la Caisse, son influence sociale, étaient en proportion directe au nombre des contrats réalisés par elle ; le nombre de ces contrats étant toujours resté insignifiant, nous avons du conclure de là que l'institution avait abouti à un échec complet. Tout autre est le caractère de l'institution établie par la loi du 24 mai 1899 : alors même que le service des assurances-responsabilité ne réaliserait aucun contrat, l'utilité économique de l'institution serait pleinement justifiée, si son existence seule avait pour effet de régulariser le taux des assurances et de le ramener à un chiffre normal.

La loi n'a pas pour objet de détourner au profit de l'Etat la clientèle des compagnies et de lui imposer de nouvelles responsabilités financières. Elle s'est uniquement proposée de donner satisfaction aux réclamations de l'industrie, victimes des prétentions injustifiées des compagnies d'assurances, qui, investies d'un monopole de fait au lendemain de la loi du 9 avril 1898, avaient cru pouvoir abuser de la situation pour rançonner leurs clients. Le but de la loi devait être atteint le jour ou les patrons, ayant la ressource de contracter avec la Caisse de l'Etat, pouvaient discuter librement leurs intérêts avec les compagnies et contraindre ces dernières à ramener leurs primes à un taux correspondant aux risques courus.

A ce point de vue on peut dire que le succès de la loi du 24 mai 1899 a été complet ; dès le jour de la présentation du projet de loi, les compagnies ont réduit leurs exigences, au lendemain du vote de la loi, elles proposaient à leur clientèle un tarif inférieur des deux tiers à celui qu'elles avaient primitivement fixé ; telle compagnie qui au mois d'avril 1899 tarifait une industrie comme celle du camionnage à 9 ou 10 % des salaires, se contentait en juin 1899 de 3 ou 3,50 %.

La tactique des compagnies, à la suite de l'intervention de l'Etat, s'est absolument modifiée. Ne pouvant plus par une coalition, maintenir les tarifs au taux excessif qu'elles avaient établi, elles paraissent être entrées en lutte les unes contre les autres et s'être déclarées une guerre de tarifs où les plus faibles succomberont. Il est probable que durant cette période, où les compagnies offrent les assurances à un taux inférieur à leur taux normal, la Caisse nationale verra le chiffre de ses opérations se réduire; peu lui importe parceque ce qu'elle cherche, ce n'est pas la multiplicité des affaires, c'est l'abaissement du taux des primes, pour le plus grand bénéfice de l'industrie toute entière ; or ce but se trouve atteint.

Lorsque cette période prendra fin par la mise en liquidation d'un certain nombre des compagnies concurrentes, il n'est pas douteux que les compagnies sorties victorieuses de cette lutte relèveront le taux de leurs primes. Mais il n'est pas à craindre qu'elles ne le relèvent à un taux excessif comme elles auraient pu le faire, en l'absence de toute concurrence de l'Etat. L'existence de la Caisse nationale préviendrait alors toute tentative de cette nature en permettant aux industriels de trouver un refuge contre les exigences des compagnies en leur offrant le moyen de s'assurer à un taux raisonnable.

CONCLUSION

Nous avons constaté dans la première partie de notre étude l'échec auquel avait abouti l'institution fondée par la loi du 11 juillet 1868 ; nous en avons défini les causes qui consistent en des vices d'organisation multiples.

Comment peuvent être expliqués des vices d'organisation aussi graves ?

Comment peut-on expliquer l'indifférence des pouvoirs publics, lorsque ces vices se sont révélés et que la nécessité d'y remédier est apparue ?

On pourrait être tenté d'expliquer cette situation par l'inaptitude de l'Etat comme commerçant ou comme industriel. Une pareille formule, enseignée par certains économistes, nous semblerait trop générale. Il n'est pas exact de dire, à notre avis, que l'Etat est incapable d'être commerçant ou industriel ; il exploite un réseau de chemins de fer, des ateliers publics, des fabriques d'allumettes, il gère le service des postes et télégraphes dans des conditions acceptables ; sans doute son exploitation n'est pas irréprochable, sa gestion soulève des plaintes assez fondées mais il est nullement établi que l'industrie privée lui serait supérieure. Si la Caisse nationale d'assurances en cas d'accidents n'a pas rempli les intentions des auteurs de la loi de 1868, son échec tient à une cause particulière. Si l'Etat n'est pas incapable d'être industriel ou commerçant, il ne nous parait pas avoir les aptitudes particulières, indispensables pour créer une industrie nouvelle. L'Etat ne peut agir qu'en suivant les traces de l'industrie privée, en profitant de l'expérience acquise par cette dernière. Il n'y a là rien d'étonnant. Une industrie nouvelle est une création difficile ; c'est en général l'œuvre de longs tâtonnements et cette œuvre n'aboutit souvent qu'après des insuccès multiples. L'esprit d'initiative est une condition essentielle de la réussite, or cet esprit d'initiative ne pourra jamais se manifester librement dans une administration publique.

Lorsque le législateur en 1868, a créé la Caisse nationale d'assurances en cas d'accidents, il marchait vers l'inconnu, si les besoins nouveaux de l'économie sociale faisaient sentir la nécessité d'assurer la réparation des accidents, les moyens pratiques de donner satisfaction à de pareils besoins étaient encore mal définis ; l'industrie privée des assurances contre les accidents n'existait qu'en germe, l'Etat n'avait donc pas à redouter sa concurrence ; les moyens dont disposait la Caisse nationale, son crédit, les ressources dont elle était dotée par la libéralité des pouvoirs publics, semblaient lui assurer une supériorité écrasante sur les compagnies privées. Or, contre toute attente, les compagnies privées d'assurances contre les accidents ont prospéré et se sont multipliées tandis que la Caisse nationale était vouée à l'impuissance.

Ce résultat tient d'après nous à ce que l'Etat n'était pas guidé par l'expérience des particuliers, à défaut de cette expérience, il a, en créant une institution nouvelle, sans précédents, commis des erreurs inévitables, que l'industrie privée aussi inexpérimentée dans ses débuts que l'Etat, a corrigées peu à peu, mais que l'administration n'a reconnu que tardivement et qu'elle n'a su amender.

Nous déduisons de là qu'il est téméraire de la part de l'Etat de s'aventurer sur un terrain inexploré. S'il peut intervenir comme assureur c'est à la condition de se restreindre aux types d'assurances dont les conditions rationnelles ont été définies par la pratique.

Une Caisse nationale d'assurances contre les accidents était en 1868 une œuvre prématurée, condamnée à l'insuccès ; instituée quelques années plus tard, lorsque l'assurance contre les accidents s'était déjà vulgarisée, elle eût été organisée sur des bases plus solides et aurait pu être une œuvre viable.

Mais dira-t-on, la Caisse d'assurances en cas d'accidents n'est pas la seule Caisse d'assurances instituée par l'Etat ; en même temps que l'assurance contre les accidents, l'Etat pratique l'assurance sur la vie, dont les

14 B.

bases reposent sur une expérience déjà séculaire et sur
des statistiques d'une valeur éprouvée; c'est ainsi que
la Caisse nationale des retraites pour la vieillesse fonctionne depuis la loi du 18 juin 1850 et la Caisse nationale d'assurances en cas de décès, en vertu de la même
loi du 11 juillet 1868 qui a institué la Caisse nationale
d'assurances en cas d'accidents. Or les résultats obtenus
par ces deux institutions sont loin d'être satisfaisants.

Cette objection ne saurait modifier la conclusion à
laquelle nous sommes arrivés. Si la Caisse nationale des
retraites et la Caisse nationale en cas de décès n'ont pas
donné les résultats que l'on pouvait attendre, l'échec de
ces institutions est loin d'avoir été aussi complet que
celui de la Caisse nationale d'assurances en cas d'accidents. Les opérations de ces Caisses atteignent une certaine importance, surtout celle de la Caisse des retraites
pour la vieillesse; c'est ainsi que pour l'exercice 1897, le
montant des primes encaissées à la Caisse des retraites
pour la vieillesse atteignant 43.679.637 fr. 76, le montant des primes encaissées par la Caisse d'assurances en cas de décès la somme de 142.838 fr. 05, tandis que le montant des primes encaissées par la Caisse
d'assurances en cas d'accidents ne s'élève qu'au chiffre
insignifiant de 9.255 fr.

En outre les Caisses des retraites pour la vieillesse et
d'assurances en cas de décès organisées sur des bases
rationnelles, fournissent à leurs assurés l'équivalent de
leurs sacrifices; nous avons vu au contraire que la Caisse

d'assurances en cas d'accidents réalisait aux dépens de ses assurés un bénéfice à la fois illégitime et contraire aux promesses formelles contenues dans la loi du 11 juillet 1868.

Il serait cependant puéril de se dissimuler l'échec relatif de Caisses d'assurances sur la vie organisées par l'Etat. Mais cet échec ne peut-être attribué à l'inaptitude de l'Etat comme assureur. Tout le monde rend hommage à la solidité de l'organisation de ces Caisses, à l'habileté avec laquelle elles sont dirigées, habileté dont témoigne hautement la réduction progressive des frais d'administration. (V. Jay. *Revue politique et parlementaire*, juillet 1895 p. 107). La cause de leur échec paraît résider dans une difficulté inhérente à l'assurance populaire. Dans l'état actuel de la société, le public auquel s'adressent de pareilles institutions comprend difficilement les avantages de l'assurance ; il n'est pas en état surtout de s'imposer les sacrifices que nécessite l'assurance, de prélever sur son salaire le montant des primes, de retrancher quoique ce soit sur son superflu, souvent même sur ses besoins. L'expérience faite depuis un demi siècle est de nature à justifier cette maxime que l'assurance ouvrière sera obligatoire ou ne sera pas (*ib.* p. 84). Il y a là une cause d'insuccès qui n'est point spéciale à l'assurance de l'Etat mais qui atteindrait également les institutions populaires d'assurances, qui seraient organisées dans un but philantropique par l'initiative privée.

L'échec subi par la Caisse des retraites pour la vieillesse et la Caisse d'assurances en cas de décès, ne modifie donc en rien la conclusion que nous avons tiré de l'échec subi par la Caisse d'assurances en cas d'accidents sous le régime de la loi du 11 juillet 1868 mais il nous amène à compléter cette conclusion. Nous avions dit : l'Etat ne peut sans imprudence, constituer une caisse d'assurances sur des bases dont la pratique n'aurait pas encore vérifié la valeur. Nous ajouterons l'Etat ne peut organiser une caisse d'assurance populaire, sans décréter l'assurance obligatoire. Rappelons que l'obligation ne veut pas dire monopole (voir introduction).

L'expérience de la loi du 24 mai 1899, quoique récente nous fournit un renseignement non moins instructif. Il n'est plus question ici d'assurance populaire ou obligatoire. L'Etat se propose uniquement de donner à l'industrie une ressource contre les prétentions excessives des Compagnies d'assurances. Cette intervention n'est pas le résultat d'une conception *à priori*. Elle ne s'est produite que sur les sollicitations pressantes des intéressés. Dans la loi du 9 avril 1898 sur la responsabilité des accidents du travail, l'intervention de l'Etat en matière d'assurances contre les accidents ne s'était manifestée que sous la forme la plus timide ; il s'était borné à imposer son contrôle aux compagnies en les laissant maîtresses de leurs tarifs. C'est pour donner satisfaction aux réclamations de l'industrie que l'Etat s'est décidé dans la loi du 24 mai 1899, à intervenir d'une façon plus directe et se faire personnellement assureur. La cause de cette intervention a été purement accidentelle ; si les Compagnies n'avaient point surelevé leurs tarifs, les industriels n'auraient pas formulé de réclamations et l'Etat ne serait point intervenu. L'intervention de l'Etat ne répond qu'à des besoins temporaires et passagers : on peut espérer que dans quelques années les assurances mutuelles et les syndicats de garantie seront assez fortement constitués pour que les patrons ne soient plus dans la nécessité de recourir au service des Compagnies à primes fixes ; à ce moment la Caisse d'assurance de l'Etat n'aura plus aucune raison d'être

L'Etat n'est donc intervenu qu'en vue de circonstances exceptionnelles, qui hier n'existaient pas et qui demain peut être n'existeront plus. Son intervention a donc été motivée par une simple question d'opportunité.

On ne peut cependant que se féliciter de cette intervention, qui a épargné à l'industrie une surcharge considérable. Cette intervention a eu un plein succès ; elle devait réussir parce que l'Etat en 1899 se faisant assureur, se trouvait dans les conditions que nous avons définies en recherchant les causes de l'échec de la loi de 1868. En 1899, l'assurance responsabilité en cas matière d'accidents n'était plus une innovation ; ses conditions, ses effets étaient déterminées par la pratique des compagnies et par la jurisprudence des tribunaux. En établissant ses polices d'assurance, l'Etat n'a eu qu'à s'approprier les formules des compagnies. Il a pu instituer une forme d'assurance sur des bases commerciales donnant satisfaction aux besoins de l'industrie; condition essentielle du succès, car si les intéressés n'avaient pu trouver dans l'assurance de l'Etat une ressource efficace, ils se seraient trouvés désarmés contre les exigences des Compagnies et le but poursuivi par le législateur n'eut pas été atteint. La loi. du 24 mai 1899 nous inspirera donc cette conclusion qui vient encore compléter celle que nous avons tirée de la loi du 11 juillet 1868; l'Etat doit intervenir, en matière d'assurances, dans les circonstances où l'intérêt général l'exige, à la condition de tenir compte des enseignements de l'expérience, qui seuls peuvent faire connaître le moyen de donner une satisfaction efficace aux besoins des intéressés.

TABLE DES MATIÈRES

CHAPITRE II

Régime de la loi du 24 mai 1899

IMPRIMERIE F. DEVERDUN. — BUZANÇAIS (INDRE)

BUZANÇAIS (INDRE), IMPRIMERIE DEVERDUN.